Manual del tesista
Tips para terminar tu tesis en tiempo récord

MANUAL DEL TESISTA

Diseño de portada: Verónica Buelvas
Imagen de portada: Tania Nordman
Creación de portada y contraportada: Oswaldo Herrera, Diseños Inversharo
@disenosinversharo
Imagen de autores en caricatura: @drawwings.peru

Editado por UVR correctores de textos
contacto@uvrcorrectoresdetextos.com

ISBN: 978-958-49-1529-0

Gracias a ti que compraste este manual y lo empiezas a leer en este momento, esperamos que le saques el mayor provecho y logres terminar pronto tu tesis.

Gracias a nuestro equipo de correctoras en UVR correctores de textos, especialmente a Tatiana, quien realizó la corrección de estilo de este manual.

Gracias a todos nuestros seguidores en redes sociales y en nuestro sitio web, este manual está inspirado en sus comentarios.

Gracias a los participantes del estudio y del concurso aquí citados, sus contribuciones serán de gran ayuda para los tesistas que lean este manual.

Prefacio

Desde el año 2015 empezamos nuestro proyecto de compartir contenido educativo gratuito sobre cómo hacer la tesis. En ese camino, hemos creado diferentes canales para cumplir con nuestro propósito: *brindar consejos prácticos y efectivos para que la tesis deje de ser un dolor de cabeza*, estos son:

- Un blog educativo donde publicamos artículos sobre temas relacionados con la tesis, que cuentan con miles de visualizaciones y algunos de los cuales sobrepasan las 100 000 visitas. Además de un grupo de más de 7000 suscriptores. (Blog UVR correctores)

- Un canal de YouTube donde, por ejemplo, tenemos el video sobre diseño metodológico con más comentarios en comparación con otros canales. (UVR correctores)

- Un perfil en Instagram con más de 100 000 seguidores en el cual compartimos varias veces al día todo tipo de *tips* para hacer la tesis. (@uvrcorrectores)

- Una página en Facebook con casi 250 000 seguidores donde le enseñamos a nuestros seguidores la manera más rápida y efectiva de terminar la tesis con calidad. (@uvrcorrectores)

En estos canales recibimos todo el tiempo comentarios positivos que mostraremos a lo largo de este libro.

Queremos llegar a todos los tesistas del mundo hispano y que conozcan nuestros métodos para terminar la tesis, los cuales hemos construido basados en estudios, investigaciones y experiencias propias durante más de cinco años.

En ese sentido, el manual que tienes en tus manos condensa toda la experiencia y el conocimiento que hemos adquirido. En estas páginas encontrarás métodos sencillos y prácticos para terminar cada una de las partes de la tesis; además, hallarás algunas herramientas que te ayudarán a avanzar en tu trabajo de grado, las cuales serán el elemento definitivo para que alcances ese objetivo que te propones. El texto está lleno de ejemplos, explicaciones prácticas y códigos QR para ampliar la información que aquí presentamos; no está cargado de teoría que no necesitas, solo incluimos lo estrictamente necesario para que puedas terminar tu tesis, eso sí, te enseñamos todo lo que necesitas saber.

Hace cuatro años escribimos la primera versión del Manual del Tesista con el propósito de condensar en un solo documento una serie de consejos prácticos para desarrollar cada una de las partes que constituyen una tesis, en ese momento lo pensamos como un *e-book* corto que fuera al punto y donde no hubiera necesidad de teorizar tanto respecto de cada tema. El éxito que tuvo el libro fue sorprendente, obtuvimos cerca de 20 000 descargas y muchos comentarios positivos acerca de ese primer ejemplar de 80 páginas.

Este hecho nos permitió comprender que los tesistas no quieren encontrar una gran cantidad de teoría para realizar la tesis, sino un manual práctico que les facilite hacer su investigación sin tardar años en ella y sin sacrificar la calidad. Por eso, decidimos que en este 2021 publicaríamos una nueva versión del manual, pero en esta ocasión abordaríamos todos los aspectos necesarios para terminar la tesis, incluyendo aquellos factores externos que, de una u otra manera, tienen efectos en la culminación del trabajo de grado.

¿Cuál es el factor determinante para terminar la tesis? Esta fue la pregunta que nos hicimos cuando empezamos a redactar el libro que ahora tienes en tus manos, queríamos encontrar la razón por la cual las personas logran finalizar su proyecto de grado y obtener su título. Y en nuestra investigación encontramos que no es solo un factor, sino que son diversas variables que se combinan y hacen posible que los tesistas se enfoquen en su tesis y logren terminarla.

Asimismo, basados en nuestra experiencia en corrección de estilo para tesis, con más de 4000 trabajos de grado corregidos, hemos detectado cuáles son los puntos que más les causan problemas a los estudiantes al momento de terminar la tesis, los cuales van desde la elección del asesor hasta la procrastinación. Hemos reunido toda esa información y aquí logramos incluir todos esos elementos para formar el manual que hoy tienes en tus manos.

Todo el texto que estás por leer lo hemos redactado en un lenguaje simple, con el fin de facilitar su comprensión, muchas sus páginas están llenas de ejemplos que podrás adaptar a tu tesis y en algunas partes usamos la metodología de preguntas y respuestas para ofrecerte una mayor comprensión en el tema. Queremos resaltar que solo incluimos aquellos temas que son de interés para los tesistas, puesto que el libro está orientado principalmente a quienes desean graduarse pronto y obtener su título para abrirse al campo laboral o seguir estudiando.

Por ello, a aquellas personas que pretenden continuar sus estudios en el campo y convertirse en expertos en los temas de metodología se les recomiendan libros más exhaustivos y completos de Metodología de

Investigación, por ejemplo, los escritos por César Bernal o Roberto Hernández, Carlos Fernández y Pilar Baptista; cada uno con una extensión considerable de páginas que abordan de forma detallada el área de metodología de la investigación. Cabe mencionar que estos libros son algunas de las fuentes que hemos utilizado para escribir el manual.

El alcance de esta guía es hasta estudiantes de pregrado y maestría, dado que los consejos son sencillos, pero no pierden el rigor académico y de investigación científica; no obstante, recogimos algunas recomendaciones y *tips* que son aplicables en estudios de nivel de doctorado.

Queremos que tengas presente que el objetivo de este libro es ayudarte a que obtengas tu título de una vez por todas, por lo cual este texto pretende constituirse en una guía en cada paso que des para terminar tu tesis. Aquí encontrarás todas las herramientas que necesitas para tomar el control de tu proceso y ponerle fin a tu etapa en la universidad; la idea es que lo veas como un texto de consulta para pasar a la acción inmediatamente, y no como un libro que debe ser leído una vez y dejarlo.

El texto que estás por leer lo hemos dividido en cinco partes y cada una, a su vez, se divide en varios capítulos:

En la primera sección mostramos los resultados de un estudio que realizamos con 537 participantes que ya terminaron su tesis en distintos niveles académicos, a quienes se les preguntó cuál consideran que fue el factor determinante para terminar su tesis, es decir, qué fue lo que los llevó a finalizarla. El propósito de compartir los resultados del estudio en este libro es que tengas en cuenta sus apreciaciones y consejos para que puedas aplicarlos en tu tesis.

En la segunda parte presentamos algunas consideraciones iniciales que pensamos debes leer antes de empezar, se trata de seis escritos que contienen información valiosa para el preámbulo de tu proceso de tesis y te ayudarán a ubicarte, a ponerte en contexto y a obtener las herramientas iniciales para arrancar.

En la tercera parte abordamos el contenido y la estructura de la tesis, mencionamos y desarrollamos la forma de construir cada apartado que contiene un trabajo de grado, los capítulos que aquí presentamos se encuentran organizados de tal forma que siguen la secuencia propia del proceso de realización de la tesis. En cada uno de estos apartados se encuentra una explicación corta y completa sobre cómo desarrollar cada una de las partes constitutivas de la tesis, con el fin de que el tesista cuente con todos los consejos necesarios para iniciar, desarrollar y culminar de la mejor manera su investigación. La información expuesta en estos capítulos se presenta como consejos prácticos que facilitan la comprensión de las diversas temáticas, las cuales apoyamos con ejemplos que complementan las definiciones brindadas.

La cuarta parte de este libro corresponde a las consideraciones finales, y está compuesta por seis escritos cuyo contenido guarda en sí un gran valor informativo para que los tesistas logren culminar su proyecto de grado; con los consejos que aquí te presentamos podrás mantenerte en pie y motivado a pesar de los obstáculos que puedan presentarse. Además, como queremos acompañarte hasta el final, en la última parte de esta sección encontrarás una plantilla para hacer tu sustentación de tesis.

En la quinta y última parte incluimos las mejores historias que los tesistas nos compartieron en nuestro concurso "Gracias a esto terminé mi tesis". En el concurso recolectamos 27 historias sobre cómo varios estudiantes en distintos niveles académicos lograron sacar adelante sus tesis y terminarlas en tiempo récord a pesar de las dificultades, pero acá te presentamos los cinco relatos que nos parecieron más interesantes.

Al terminar la lectura de estos capítulos encontrarás una reflexión final sobre cómo hacer la tesis en tiempo récord y con alta calidad, y una serie de apéndices con información muy importante para ti como tesista. Por ejemplo, hallarás algunos trucos para hacer la tesis, buscadores académicos para obtener investigaciones que te sirvan como referentes para tu trabajo, entre otros temas de interés.

Finalmente, cabe anotar que la relevancia de esta obra no solo radica en su practicidad, sino en su multidisciplinariedad debido a que los consejos que aquí te presentamos son perfectamente adaptables a todas las disciplinas académicas, así como también en la variedad y calidad de su contenido, pues no dejamos por fuera ningún tema de interés para los tesistas. Hemos seleccionado detalladamente cada una de las temáticas que pueden ser de mayor interés para los tesistas que desean culminar su proyecto de grado, dejando por fuera mucha teoría que resulta irrelevante en el caso de que el objetivo sea solo terminar la tesis; pues la finalidad de este libro no es complejizar el proceso, sino hacerles ver a los tesistas que realizar la tesis es un proceso más sencillo de lo que piensan, solo necesitan poner en práctica todo lo que aquí les explicamos.

Cabe resaltar que este es un texto diferente, tanto en la forma de explicar como en las recomendaciones expuestas, por tanto, no encontrarás otro igual. Este es el libro definitivo que te ayudará a terminar tu tesis, lo cual hace que su lectura sea obligatoria para todos los estudiantes que estén cursando su último semestre y requieren terminar su tesis para salir al mundo laboral, o bien, para continuar con sus estudios.

Si ya llegó el momento de empezar con tu tesis, no sientas miedo; y si ya tienes un tiempo de haber empezado, pero te quedaste estancado en alguna parte del proceso, no sigas aplazando su terminación. En cualquiera de estos casos, te aseguramos que con esta guía práctica podrás dar todos los pasos necesarios para terminar tu trabajo.

Ahora sí, ¡empieza la lectura que te llevará a obtener tu título de una vez por todas!

Índice

Parte IV. Consideraciones finales

Parte V. Historias reales del concurso "gracias a esto terminé mi tesis"

Lista de tablas

Lista de figuras

Lista de apéndices

#QuedateEnCasa 3:14 p. m.
Video
Les gusta a caballerosreal y otros
uvrcorrectores Utiliza estos tips para no aburrir a tus compañeros de clase. •
Encárgate de tu tesis, nosotros de aplicar las normas APA o Icontec. También, somos expertos revisando la ortografía, redacción y coherencia de tu trabajo de investigación.
Hace 7 horas · Ver traducción
virginiasoledad_pesci Desde que conocí esta página, mi vida- trabajo final cambió. Gracias @andy.pesci por inmensa recomendación...soy fans de @uvrcorrectores
1min   Responder

polipazlu Hoy me titulé! Por fin, pero me mantendré siguiendo su cuenta porque es fantástica y de uds aprendí mucho
12sem   Responder

Parte I. ¿Cuál es el factor determinante para terminar la tesis?

Resultados de un estudio realizado con 537 participantes que ya finalizaron su tesis.

En el mes de agosto del 2020 empezamos a recolectar respuestas de tesistas en distintos niveles académicos a esta pregunta, a través de la herramienta de Google Docs. Al cabo de dos meses logramos recolectar 537 respuestas.

El objetivo del estudio fue determinar cuál es el factor clave para terminar la tesis, según la percepción de los propios tesistas. En otras palabras, buscamos conocer la mayor cantidad de opiniones de tesistas sobre cuál fue en su caso particular el elemento sin el que no hubiera sido posible terminar su trabajo de grado. Para ello incluimos 13 categorías en el cuestionario y a cada una de estas los participantes podían otorgarle una calificación en una escala del 1 al 5, según la importancia que consideraban tuvo cada una en la terminación de la tesis. Las categorías fueron:

1. No procrastinar las tareas referentes a la tesis.
2. Que te guste el tema de tesis.
3. Tener tiempo libre suficiente para dedicarlo a la tesis.
4. Disciplina, dedicación, constancia y esfuerzo.
5. Hacerla en pareja o en grupo.
6. Recibir pocas correcciones por parte del asesor o jurados.
7. Encontrar la información fácilmente.
8. Una buena planificación del tiempo y seguir el cronograma.
9. Dejar de hacer algunas actividades por un tiempo, tales como salir, estar en redes sociales u otras, para dedicarle tiempo a la tesis.
10. Los deseos de graduarte pronto.
11. Tu fuerza de voluntad o determinación.
12. Enfocarte en el contenido y no en aspectos de forma como las normas APA, entre otros.

13. Un buen asesor o director de tesis.

Adicionalmente, dejamos una pregunta abierta para que los participantes expusieran si consideraban que en su proceso había influido algún otro factor clave para terminar la tesis que no se hubiera incluido en el cuestionario.

Puedes seguir este código Qr para ver el cuestionario y todas las respuestas:

El estudio estaba orientado a personas que ya habían terminado su tesis, indistintamente del país en el que estaban radicadas. En total participaron personas de 20 países (ver Figura 1).

Figura 1

Participantes del estudio por país

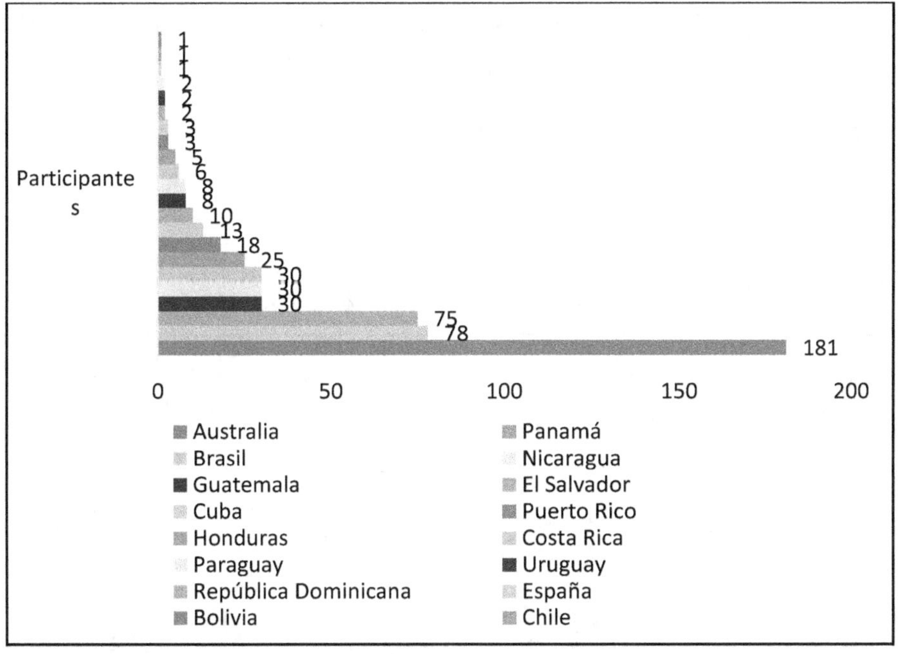

Fuente: Google Docs

De acuerdo con las respuestas que se obtuvieron en el cuestionario, se tiene que para los tesistas las categorías más importantes que fueron factores clave para la terminación de la tesis fueron las siguientes:

Sin lugar a duda, hallamos que el factor clave número 1 para terminar la tesis tiene que ver con el tema seleccionado, es decir, con qué tanto te gusta o te apasiona el tema, o incluso con qué tanto amas el tema que estás investigando. Según el estudio, de este factor dependerá en gran medida el éxito que tendrás con la realización de tu trabajo de grado.

El 89.4 % de los encuestados calificó con un 4 (18.2 %) o un 5 (71.2 %) la categoría "Que te guste el tema de tesis" como factor clave para terminarla. Esta fue la categoría que recibió un mayor número de respuestas calificada con la opción 5 en nivel de importancia.

> A ti ¿te gusta el tema que escogiste? En la siguiente parte del libro te dejamos algunos consejos para ayudarte a seleccionar correctamente el tema de tu tesis.

Figura 2

Resultados categoría "Que te guste el tema de tesis"

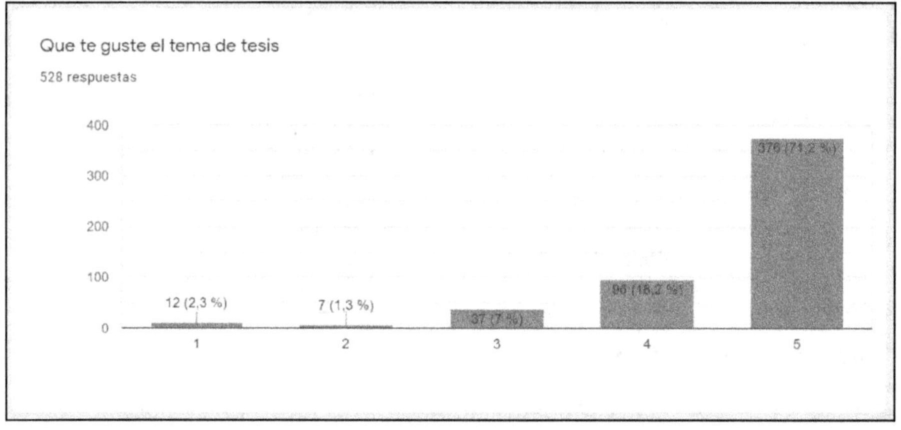

Fuente: Google Docs

Otras tres categorías comparten el segundo lugar como factores clave para terminar la tesis, estos tienen que ver con la "Disciplina, constancia y esfuerzo", "Los deseos de graduarte pronto" y "Tu fuerza de voluntad y determinación".

De estos resultados podemos inferir, según lo manifestado por los propios tesistas, que estos aspectos no se relacionan de manera directa con el hecho de terminar la tesis o no como tal, sino con la actitud que tomamos frente al reto de terminar el trabajo de grado. En las siguientes figuras se pueden apreciar los resultados:

Figura 3

Resultados categoría "Disciplina, dedicación, constancia y esfuerzo"

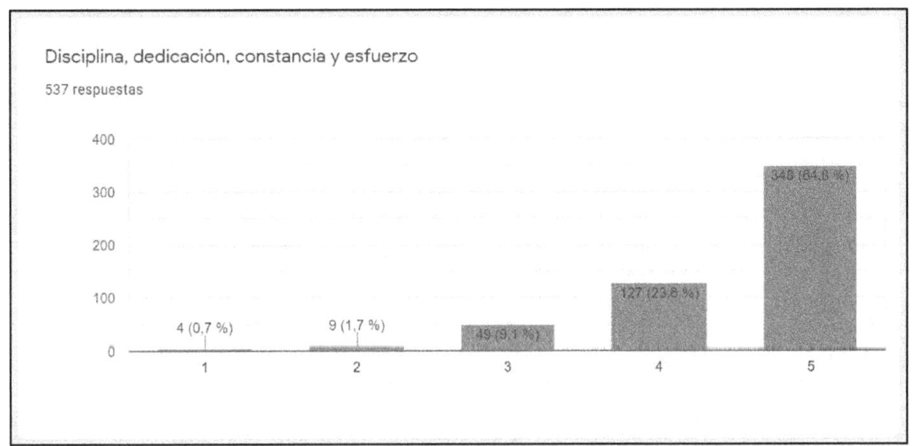

Fuente: Google Docs

Figura 4

Resultados categoría "Tu fuerza de voluntad o determinación"

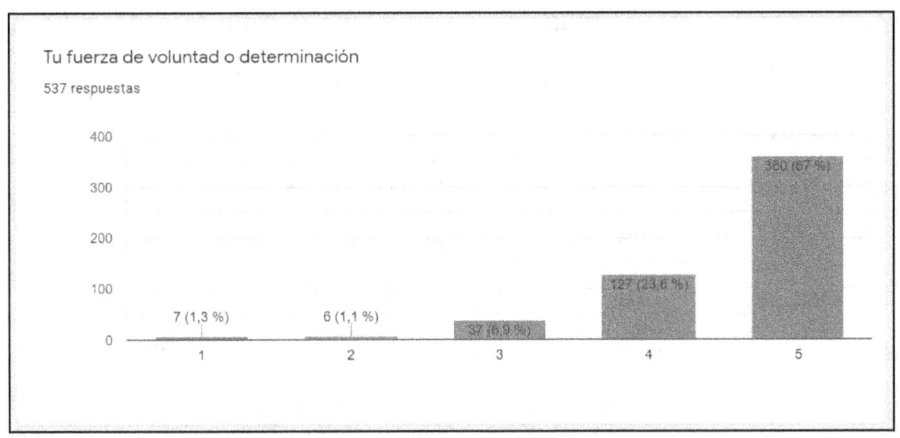

Fuente: Google Docs

Figura 5

Resultados categoría "Los deseos de graduarte pronto"

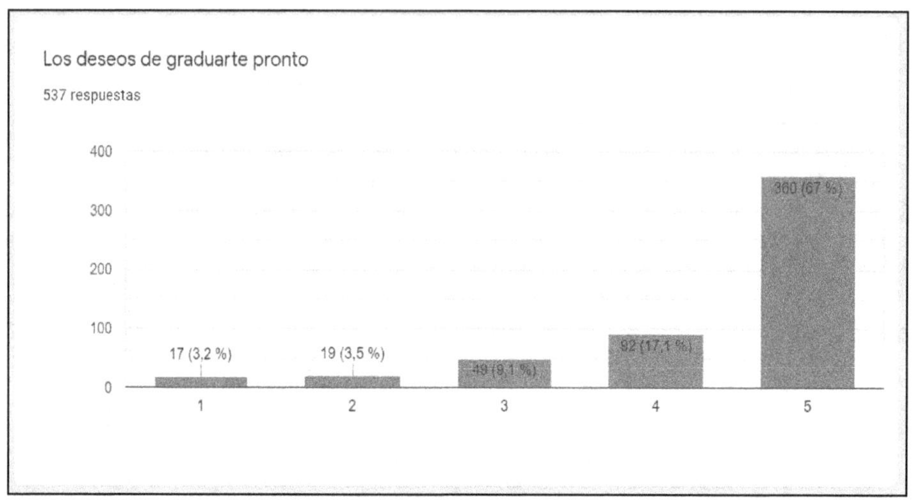

Fuente: Google Docs

El tercer factor clave que los tesistas indicaron es el más importante para terminar la tesis fue, como lo esperábamos, el tutor de tesis. Según los tesistas encuestados contar con "Un buen asesor o director de tesis" es un elemento determinante a la hora de terminar el trabajo de grado, pues el 82.8 % le dio una puntuación de 4 (22.3 %) o de 5 (60.5 %) a esta categoría, ubicándola en el segundo lugar de importancia después de "Que te guste el tema de tesis".

El tema de la elección de un buen asesor, sus correcciones y la relación que los tesistas puedan mantener con él es un aspecto que siempre ha preocupado a la mayoría de los estudiantes; en un estudio anterior se ubicó como uno de los principales estresores que estos tienen al momento de hacer la tesis. En el siguiente Qr encontrarás los resultados de ese estudio.

A ti ¿cómo te va con tu asesor de tesis? En el siguiente apartado te presentamos el mejor método para escoger a tu tutor, así como algunas recomendaciones para mantener una buena relación con él.

Figura 6

Resultados categoría "Un buen asesor o director de tesis"

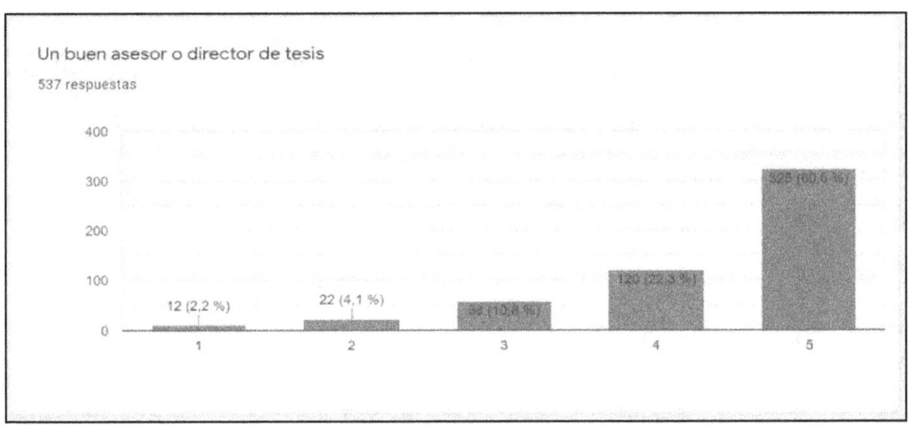

Fuente: Google Docs

La categoría "No procrastinar las tareas referentes a la tesis" se ubicó como el cuarto factor clave para terminar la tesis; el 46.4 % del total de las personas que respondieron el cuestionario le dieron una puntuación de 5 a esta categoría en cuanto a su importancia en la terminación de la tesis, otro 25.9 % de los tesistas le dio una puntuación de 4.

Figura 7

Resultados categoría "No procrastinar las tareas referentes a la tesis"

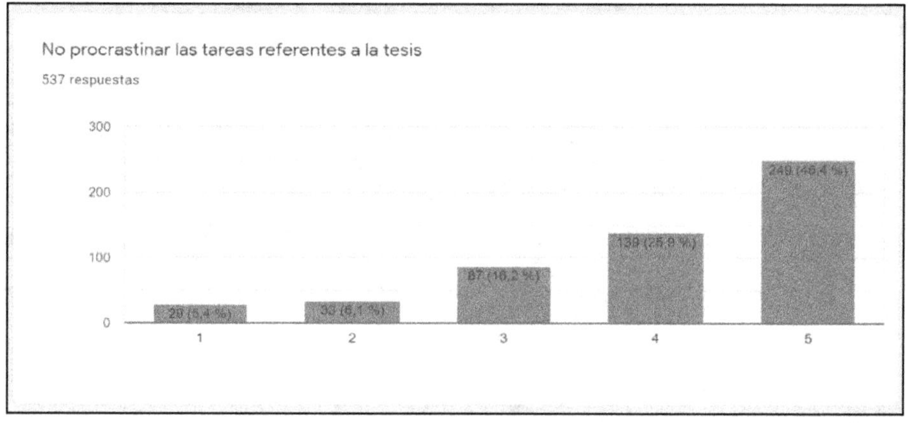

Fuente: Google Docs

En la categoría "Dejar de hacer algunas actividades para dedicarle tiempo a la tesis" se obtuvo un resultado similar al anterior, como se evidencia en la siguiente figura:

Figura 8

Resultados categoría "Dejar de hacer algunas actividades para dedicarle tiempo a la tesis"

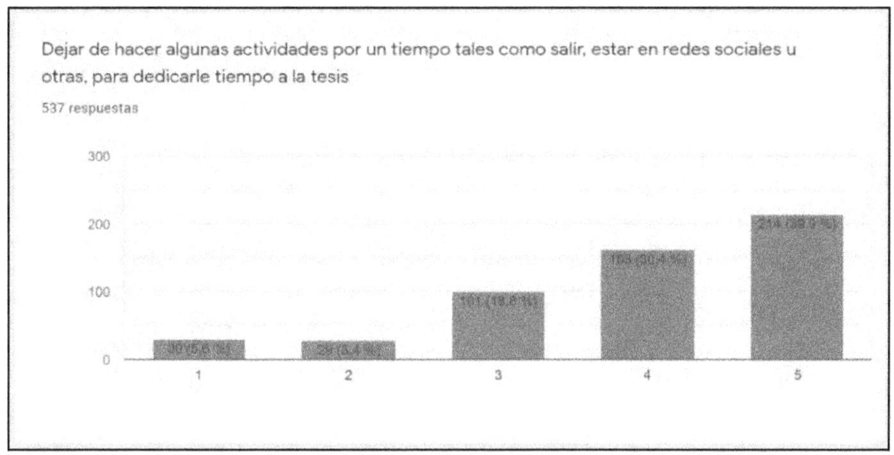

Fuente: Google Docs

Lo anterior nos permite ver que muchas veces la terminación de la tesis solo depende de las ganas que le pongamos a su construcción, y de que nos sentemos un tiempo cada día a trabajar en ella. Es decir, depende en mayor medida de que dejemos de aplazar las tareas y le dediquemos más tiempo a escribir, investigar, entrevistar o hacer cualquier otra actividad referente a la tesis.

"Enfocarse solo en el contenido y no preocuparse por aprender las normas APA" u otra forma de citación, ni por otros aspectos de estilo y formato, es considerado por los tesistas encuestados un factor importante para la terminación de la tesis. A esta categoría solo el 15.5 % de los participantes le dio una calificación de 1 o 2; mientras que el 60.2 % le dio puntuaciones de 4 y 5, y el 24.4 % lo calificó con 3.

Figura 9

Resultados categoría "Enfocarte en el contenido y no en aspectos de forma como las normas APA, entre otros"

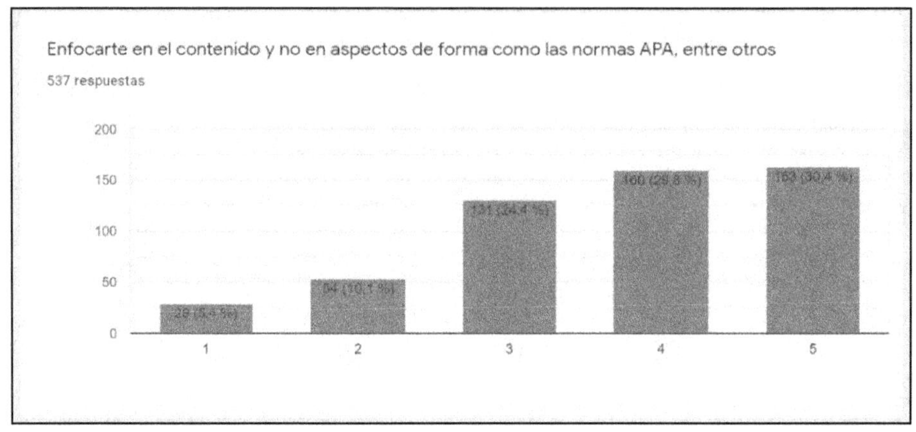

Fuente: Google Docs

Las correcciones del asesor no son un aspecto que le genera mucha preocupación a los tesistas y no las consideran del todo un factor influyente en la terminación de la tesis, de acuerdo con los resultados obtenidos en el estudio, donde el 30.9 % le dio una puntuación de 3 a esta categoría en nivel de importancia y solo el 20.1 % la ubicó en el nivel 5.

Figura 10

Resultados categoría "Recibir correcciones por parte del asesor o los jurados"

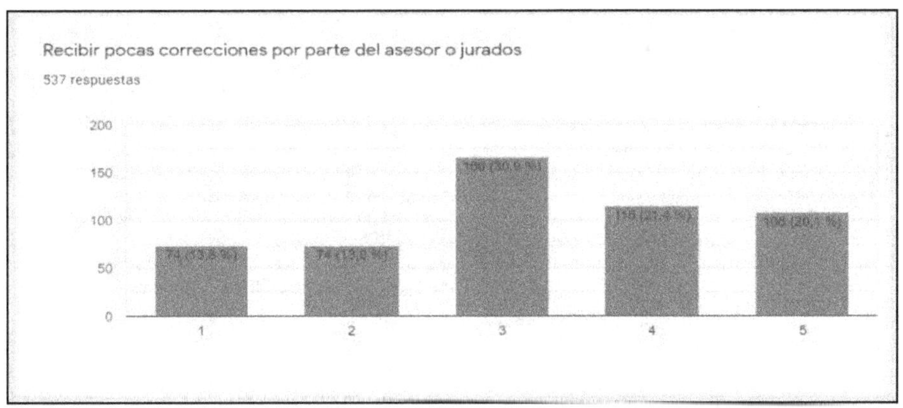

Fuente: Google Docs

La categoría "Encontrar la información fácilmente" fue seleccionada uno de los factores más importantes por el 59.4 % de los participantes que la calificaron con unas puntuaciones de 4 (30.2 %) y 5 (29.2 %). También la categoría "Tener tiempo libre suficiente para dedicarlo a la tesis" fue marcada con puntuaciones de 4 y 5 por el 68 % de los encuestados.

Figura 11

Resultados categoría "Encontrar la información fácilmente"

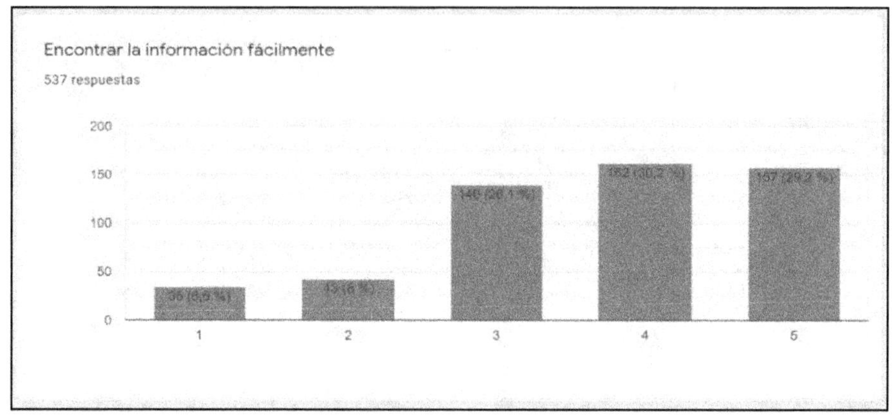

Fuente: Google Docs

Figura 12

Resultados categoría "Tener tiempo libre suficiente para dedicarlo a la tesis"

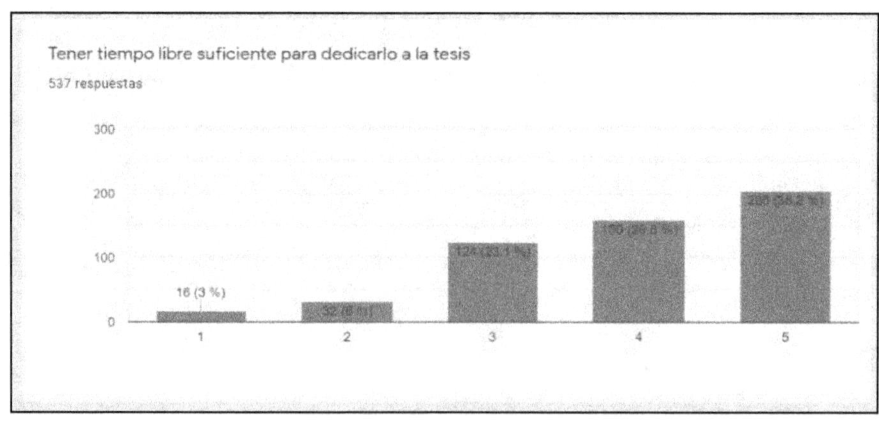

Fuente: Google Docs

La categoría que obtuvo las puntuaciones más bajas en cuanto a su importancia en la terminación de la tesis fue "Hacerla en pareja o en grupo". Según los participantes, parece que este factor no determina, en gran medida, la terminación del trabajo de grado; pues el 66.3 % de los encuestados la ubicó en los niveles 1 (45 %) y 2 (21.3 %).

Figura 13

Resultados categoría "Hacerla en pareja o en grupo"

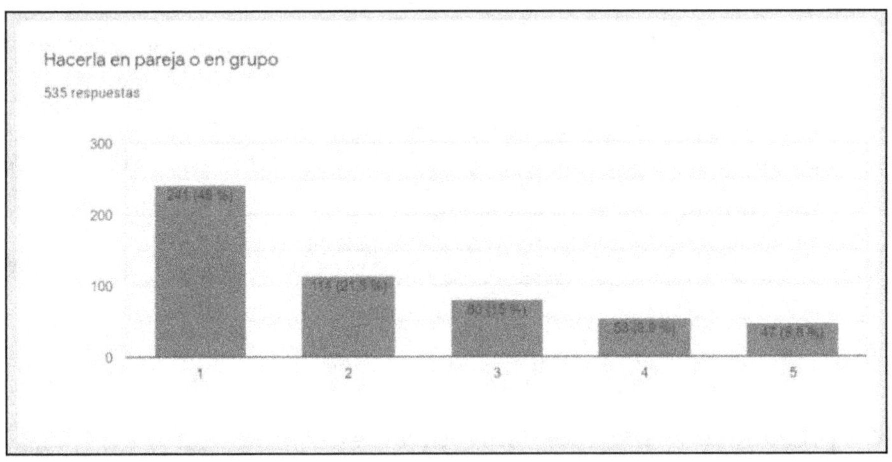

Fuente: Google Docs

En síntesis, el factor clave para terminar la tesis depende de tres elementos:

- Que el tema te guste y puedas encontrar información sobre él.
- Que tengas la motivación necesaria para avanzar cada día sin procrastinar y con determinación.
- Que tengas un buen asesor de tesis.
- Que te dediques solo al contenido de la tesis.

Ahora bien, además de las opciones de respuesta que incluimos en el cuestionario, también dejamos una opción de una respuesta abierta e individual donde los encuestados podían incluir otros factores clave que fueron determinantes en su proceso para terminar la tesis. A continuación, mencionamos de forma textual algunos de los comentarios más representativos y que refuerzan los resultados que obtuvimos en el estudio:

- *"Al inicio elegí muy mal mi tutor, eso se reflejó en la pérdida de interés en cuanto al tema de investigación, ya que se hacía más hincapié en el formato que en el planteamiento del problema. Esto derivó en la procrastinación constante (hago mea culpa también, por supuesto). Considero esto un factor clave para la tesis".*

- *"Creo que si no encontramos un motivo real para terminar la tesis no nos sentamos a escribir. El motivo puede ser cualquier cosa, graduarse, aumentar ingresos, tener más tiempo libre, poder leer o investigar sobre otro tema, cansarse de la tesis, lo que sea, pero debe haber un motivo. Si no hay un motivo, puedes tener todo el tiempo, todos los recursos, todo el material, y no haces la tesis".*

- *"¡¡Contar con ustedes!! Eso fue mucho lo que me liberé a la hora de terminar la tesis, no pensar en esa organización, en APA, eso es un factor muy desestimulante y estresante".*

- *"Tener conocimiento especializado en el área de tu tesis. Es decir, saber lo que estás haciendo, cómo lo estás haciendo y para qué lo estás haciendo. Si te enfocas en estos puntos, te irá mejor. Además, está el componente innovador, es decir, pensar qué es lo nuevo que estoy aportando a esa área de conocimiento, cuando sabes eso, te enfocas mejor".*

- *"La clave para mí recae en no procrastinar, y tener un asesor de tesis que realmente lo ayude a uno i.e., que tengan revisiones semanales, que haga comentarios coherentes, que sepa del tema, que no esté hipercomprometido. Otro clave es* **¡no enfocarse en papers** *ni en viajar a conferencias! La prioridad es la tesis".*

- *"Es necesario tener una persona/empresa que pueda realizar todo el formato APA y demás correcciones hasta el final de la tesis. En este sentido, ¡el trabajo que hace UVR es sensacional!".*

- *"Bueno, hay dos factores motivacionales importantes. Primero mi familia, mis padres, mi hijo, sobre todo; y segundo, mi amor a la carrera y querer ser parte de ella en lo profesional".*

- *"La selección estratégica del proyecto de tesis, considerando, por ejemplo, la selección de un tema del cual se tendrá acceso a información y que no demorará más de lo previsto. Si esto no se planifica desde la selección del proyecto de tesis, los imprevistos durante la ejecución pueden impedir que se termine".*

- *"Un factor clave fue reconocer los momentos en que se le puede dedicar tiempo a escribir y corregir. Por ejemplo, después de las 10:00 p. m., hasta las 4:00 a. m., en ese lapso podía estar sentada y concentrada, sin interrupciones de ningún tipo".*

- *"En mi opinión, lo que a mí me "motivó" fue que para poder ascender necesitaba tener el título, en resumen, una mejor remuneración fue el motivo".*

- *"Darles a ustedes las gracias por su corrección. A mí me motivó el deseo de progresar en mi vida. Acabé mi tesis hace dos meses. Tengo 60 años, además".*

- *"No involucrarte en otras actividades laborales o académicas extras o, por lo menos, disminuir en lo que te involucras".*

- *"Creo que influye bastante la presión por obtener el título en mi país, y creo que en la mayoría. Esto muchas veces es muy necesario para mejorar las oportunidades de trabajo, y cuando tienes la presión de encontrar uno por la situación económica te esfuerzas más por terminar pronto, porque si te mantienes o te mantienen en tu zona de confort lo vas postergando".*

- *"Creo que en la parte final el director de tesis desempeña un papel muy importante, solo él sabe/conoce el punto de partida y ha visto el camino que se ha seguido. Si el director se descuida en el último año, ¡el impacto es mayor!".*

- *"Tener buena comunicación con tu director de tesis y que este también te responda o no deje pasar tanto tiempo entre tus consultas".*

#QuedateEnCasa 6:41 a. m. 26 %
Comentarios
castillomarion_76 Excelentes datos de corrección. Gracias
5sem 1 Me gusta Responder
uvrcorrectores @castillomarion_76 con muchísimo gusto.
5sem 2 Me gusta Responder
camila.rios.f Jajaja les amo !
5sem 1 Me gusta Responder
uvrcorrectores @camila.rios.f y nosotros a ustedes.
5sem Responder
eduardo_atienza Excelentes recomendaciones
5sem Responder
uvrcorrectores @eduardo_atienza gracias
5sem Responder
robert_roman_tejeda los amo .
Agrega un comentario...

Parte II. Consideraciones iniciales

Lo que debes leer antes de empezar a redactar tu tesis.

A continuación, te presentamos siete ensayos que debes leer antes de empezar a avanzar en tu tesis.

Recuerda que este libro es un manual, es decir, la idea es leerlo y pasar a la acción, o que puedas consultarlo mientras trabajas en tu investigación. Los consejos que aquí brindamos son para ser puestos en marcha en el momento en que se leen, de modo que antes de leer el libro te recomendamos prepararlo todo, porque te ayudaremos a finalizar tu tesis de una vez por todas, tanto si vas a empezar de cero o si ya llevas capítulos avanzados de tu tesis.

Tranquilo, este viaje será más breve de lo que crees, solo necesitas disposición, fuerza de voluntad y muchos deseos de graduarte.

¿Cómo es el proceso de realización de tu tesis?

Una vez tengas aprobado el anteproyecto de tesis, es necesario que inicies con la construcción del documento final de la tesis que le entregarás a tus jurados y posteriormente sustentarás. En este punto debes tener muy claro cuáles fueron los objetivos específicos que te trazaste, pues de estos depende la cantidad y el contenido de los capítulos que se van a desarrollar en la tesis. Generalmente se plantean tres objetivos, los cuales dan como resultado tres capítulos; no obstante, pueden ser más dependiendo del tema o el alcance que tenga la investigación.

A pesar de que no existe una estructura rígida para la construcción de la tesis, es posible encontrar generalidades que son similares en todos los proyectos de investigación de pregrado y maestría, las cuales, si se conocen con claridad, pueden permitirles a los estudiantes definir unas metas claras y concisas, y culminar su proceso de manera rápida, profesional y con buenos resultados.

En la elaboración de la estructura general de un trabajo de investigación se deben seguir los siguientes pasos:

1. *Definir la idea de investigación*: identificar el problema del que vas a tratar, así como seleccionar el tema concreto, los objetivos y el título.

2. *Plantear el problema*: caracterizar el problema, formular las preguntas de investigación y justificar el desarrollo del estudio.

3. *Construir el marco referencial*: seleccionar las teorías, los antecedentes investigativos y los conceptos que comprende el tema, así como las leyes y demás normatividad relacionada en caso de que así lo requiera el tema que investigas.

4. *Establecer la metodología*: definir el tipo y el enfoque de la investigación, establecer cuál es la información que requieres y la forma en que la obtendrás, además del procedimiento mediante el cual llevarás a cabo la investigación.

5. *Recolectar, procesar y analizar la información*: desarrollar el contenido de la investigación, para lo cual debes obtener la información y manipularla de acuerdo con la metodología utilizada, para así dar cumplimiento a los objetivos.

6. *Presentar los resultados*: una vez has aplicado la metodología del estudio habrás podido obtener una serie de resultados que debes presentar y analizar para verificar si has logrado o no el cumplimiento de los objetivos, el abordaje del problema y la validación de las hipótesis según sea el caso. Recuerda que debes ir construyendo el documento final de tu tesis poco a poco con sus respectivos capítulos, de modo que cuando tengas los resultados puedas incluirlos de forma organizada e ilustrativa en ese documento, además de plantear la discusión de esos resultados.

7. *Concluir el estudio*: en este punto solo te falta un apartado del documento por construir, el cual deberá contener las conclusiones y las recomendaciones a las que has llegado. Aquí debes dar por finalizada la investigación y destacar sus puntos clave.

En la Figura 14 se muestra el proceso de investigación de una tesis de grado, la manera como se presenta indica cuáles son los pasos que debes seguir, uno por uno. Es importante que el desarrollo de tu trabajo lleve ese orden y no te saltes ninguno de los pasos, pues cada uno depende del punto inmediatamente anterior y de la agrupación de sus antecesores.

Figura 14

Proceso de investigación en la tesis

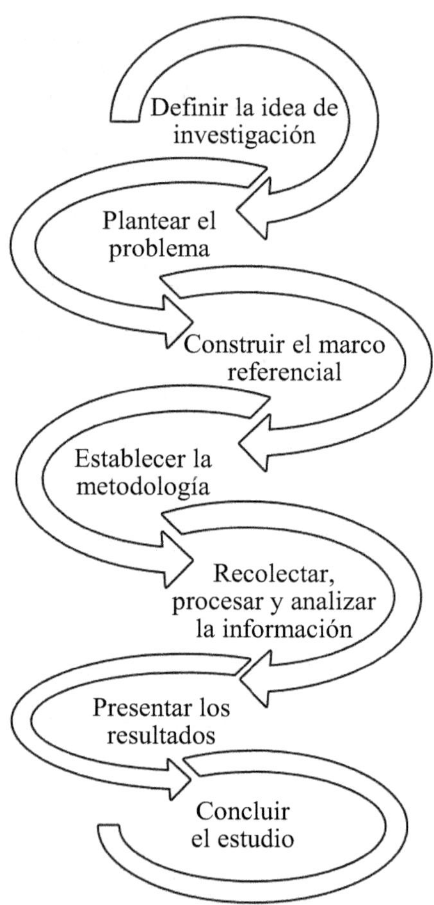

Se debe aclarar que, si bien el contenido de cada parte difiere por la diversidad de los tipos de investigación, la estructura mencionada es la que debes tener en cuenta antes de iniciar con tu tesis, indistintamente de cuál sea el tipo y el enfoque investigativo que has seleccionado.

En los capítulos que se presentan a continuación se describen, de forma práctica, cada una de las partes mencionadas, con el fin de que tengas más claridad acerca de cómo desarrollarlas –también te recomendamos ver el Apéndice 2 donde se incluyen ejemplos de temas de tesis con sus respectivos capítulos–. La información de los siguientes capítulos se apoya en ejemplos prácticos con los cuales se busca facilitar la comprensión de estos para que puedas adaptarlos para el desarrollo de tu tesis.

Nelson Mesina Vidal • hace 2 años
Excelente explicación, se agradece.
1
Pinguino Iglu • hace 1 año
macroeconomia de mankiew <3
1
geles Fernández • hace 2 años
Gracias por compartir sus vídeos excelente explicación ....
2
Rocio Yánez • hace 2 años
Excelente explicación, mil gracias!!!
1

¿Por qué es importante citar?

En los procesos investigativos, cuando los tesistas entregan sus textos a los respectivos asesores o evaluadores, estos suelen señalar errores en la manera de citar, lo cual puede tomarse como plagio. Entonces, ¿cuál es la importancia de citar y de hacerlo adecuadamente? Esta pregunta se responde con cuatro elementos fundamentales: primero, cuando citas les das crédito a los autores de las ideas que usas como base conceptual o teórica en tu tesis; segundo, al leer y referir diferentes fuentes o posturas demuestras un estudio profundo del tema de tu interés; tercero, cuando aludes a las propuestas teóricas de otros investigadores fortaleces tu tesis, puesto que así pruebas que tu planteamiento no nace de una simple opinión y que la temática ha sido trabajada por otros investigadores y expertos; por último, al citar de manera adecuada prevendrás incurrir en plagio.

Este último punto es el que nos interesa destacar porque sabemos que, por lo general, los tesistas incurren en plagio involuntario, ya sea porque cometen errores a la hora de implementar las normas de citación o porque emplean las citas extensas de manera indistinta en el texto. No obstante, sin importar la intención del investigador, hay que tener presente que, según Margolles (2014), "si el grado de similitud entre dos escritos es superior al 20 %, se considera plagio" (párr. 32), porcentaje que se mide a partir de diferentes programas o aplicaciones antiplagio.

💬 "¿Cómo puedo evitar el plagio en mi tesis?"

La forma como puedes prevenir incurrir en plagio es citando de manera adecuada, tanto las citas que has tomado textualmente como las que has parafraseado. Es común que los evaluadores consideren la primera opción como una actitud de dejadez por parte del investigador, puesto que la cita directa consiste en copiar y pegar las palabras de otra persona; mientras que el parafraseo es más apreciado por estos porque se toma como un proceso que conlleva un mayor esfuerzo, dado que consiste en interpretar los postulados del autor citado y exponerlos con términos propios.

Bueno, ahora ya conoces la importancia de citar y dos formas de hacerlo. Sin embargo, a la hora de escribir tu tesis también debes de tener en cuenta la cantidad de citas o referencias que vas a implementar con base en los requisitos de la universidad, tu propio criterio, el límite de palabras o las sugerencias del asesor de tu investigación (Claudia, 2018).

De igual forma es primordial que, aunque los estudios y documentos citados respaldan tus ideas propias y no la esencia del desarrollo de tu trabajo, verifiques que dichas fuentes sean fiables y que verdaderamente van a nutrir tu postura y no la influenciarán de manera negativa.

A continuación, vamos a darte cinco técnicas de parafraseo que te ayudarán a evitar el plagio:

1. Cambiar la función gramatical de algunas palabras.

    Ejemplo:

    Original: "El espécimen piensa cambiar su vida".

    Parafraseo: "El espécimen piensa cambiar de vida".

2. Uso de sinónimos.

    Ejemplo:

    Original: "La muerte de Rubén Aguirre fue algo inesperado".

    Parafraseo: "El fallecimiento de Rubén Aguirre fue repentino".

3. Cambiar el orden de las palabras.

    Ejemplo:

    Original: "Trump expresó varias palabras xenófobas".

Parafraseo: "Varias palabras xenófobas expresó Trump".

4. Usar diferentes estructuras para las oraciones.

Ejemplo:

Original: "Las redes sociales han transformado las relaciones interpersonales".

Parafraseo: "Las relaciones interpersonales han sido transformadas debido a las redes sociales".

5. Cambiar la estructura de la oración y usar diferentes conectores.

Ejemplo:

Original: "Se busca ampliar la democracia, adicionalmente la participación civil".

Parafraseo: "Se busca ampliar la participación civil, también la democracia".

Ahora, para parafrasear correctamente es fundamental que cites al autor correspondiente, de no hacerlo incurrirías en plagio por tomar la postura de un texto como si fuese propia.

Tip UVR: ninguna cita textual debe ser superior a las 400 palabras, de lo contrario, tendrás problemas con tu tesis por plagio.

Para concluir este apartado te recordamos que es importante que vincules cada cita textual que incluyas en tu tesis con el discurso que has desarrollado y que, además, la comentes, ya sea mediante un análisis de lo postulado o al complementarlo.

 **pauespinq** Son demasiado secos con los recursos que nos entregan!!!Gracias 

3d   1 Me gusta   Responder

leidy juliana andrade neme • hace 9 meses
Felicidades, tu información es de gran valor.

 1         

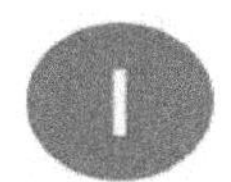 **rather_anais** @analuz106 esta página es LA ONDA.

6d   1 Me gusta   Responder

 **maiflores_insta** En el momento justo 

7sem   Responder

 **uvrcorrectores** @maiflores_insta ¡Qué genial!  

7sem   1 Me gusta   Responder

¿Cómo seleccionar el tema?

Hay elementos de la tesis a los cuales no les damos mucha importancia a veces y son precisamente esos los que en ocasiones no nos permiten avanzar en el desarrollo de la investigación, elegir el tema es uno de esos elementos. La selección del tema es uno de los pasos más importantes para comenzar la tesis, escogerlo no resultará nada fácil porque este te acompañará a lo largo de unos meses mientras terminas tu trabajo de grado, y por esa misma razón es tan importante que lo hagas de la mejor manera.

Este es el primer paso de tu investigación, por ello, debes escoger un tema que puedas justificar y que logre convencer al equipo evaluador.

Recuerda:

- Debe ser específico y sistematizado (descomponerlo en interrogantes).
- Debe contribuir al desarrollo del área de conocimiento al que pertenece.
- Debe gustarte y poder despertar tu interés por investigar.
- Debe ser factible, es decir, ten en cuenta tus limitaciones al plantearlo. (UVR correctores de textos, 2018, párr. 3-5)

💬 **"En mi tesis quiero demostrar que sí hay vida en Marte"**

Error. *El tema de tu tesis debe ser simple.* Si bien la tesis de doctorado de Larry Page y Sergey Brin dio origen a Google, eso no significa que esta debe ser tu pretensión, aunque si está dentro de tus posibilidades debes seguir adelante. Recuerda que estás desarrollando una tesis de pregrado o de maestría, por tanto, debes centrarte en seleccionar un tema y una propuesta que sea realizable y a la vez interesante.

⟐ "Voy a empezar, después miro si hay datos sobre el tema"

Un estudiante que piensa de esta forma está empezando mal el camino, porque una de las consideraciones más importantes que debe hacer al seleccionar el tema que va a trabajar es *verificar que haya datos e información sobre este.* Ten en cuenta que muchos estudiantes han tenido que abortar su tema a la mitad del camino, precisamente porque no consiguen la información que necesitan para seguir. Este punto es espccialmcnte relevante en las investigaciones cualitativas.

⟐ "No pienso ponerle límites a mi tesis, eso coartaría mi libertad de investigación"

Este tesista está equivocado al pensar de esta forma. Un aspecto fundamental en el desarrollo de un trabajo investigativo es *no exagerar en su alcance,* una tesis no puede hacerse hasta el infinito, es decir, debes establecer límites de tiempo y espacio realizables para terminarla.

⟐ "Yo prefiero escoger un tema actual y que sea tendencia"

Este error suele cometerse con mucha frecuencia, no te inclines por seleccionar un tema que sea tendencia, lo correcto es que escojas *un tema que sea acorde con tus conocimientos y fortalezas.* Mucho menos debes seleccionar un tema sobre el cual no tienes ni idea, mejor escoge uno que hayas dominado a lo largo de la carrera que cursaste. Por ejemplo, si desde que empezaste la carrera descubriste que tenías un especial interés por el trabajo con animales, no dudes en desarrollar tu tesis sobre un tema relacionado con ellos; o si estás haciendo las prácticas en una empresa donde has aprendido algo que te apasiona, como políticas de comunicación interna, haz tu tesis sobre este tema. Te aseguramos que si optas por desarrollar un tema que conoces o dominas, hacer la tesis no será algo aburrido ni lo verás como una obligación; sino como una oportunidad para mostrar lo que sabes y también para aprender más sobre esa temática.

💬 **"Mi tema no me gusta, pero no hay para más"**

Amigo, con ese pensamiento no llegarás a ninguna parte. *El tema que escojas debe apasionarte* porque así las ideas vendrán a ti satisfactoriamente y escribir la tesis será un proceso agradable, lo cual te permitirá avanzar más rápido y con menos estrés.

De acuerdo con los resultados del estudio que realizamos y del concurso "Gracias a esto terminé mi tesis", del cual te contaremos más adelante, escoger una temática por la cual se tiene gusto e interés para desarrollarla en un trabajo de grado es considerado por muchos uno de los factores determinantes para terminar la tesis, incluso en algunos casos se considera el más determinante. Por eso es importante que no juegues con la selección del tema, muchos tesistas que participaron tanto en el concurso como en el estudio afirmaron que su gusto y pasión por el tema de la tesis fue lo que les permitió terminarla satisfactoriamente; incluso, como veremos más adelante, una tesista logró terminar su tesis en menos de una semana, su razón principal fue que amaba el tema, además, tenía amplios conocimientos sobre él.

- El consejo más importante que han dado los graduados es que el tema de su tesis debe cubrir un área que realmente le apasiona.

- Independientemente de su campo, tendrá días buenos y días malos.
- En los buenos días estarás entusiasmado y motivado para trabajar.
- En los días malos es posible que se pregunte si su investigación tiene algún sentido e incluso puede dudar de su capacidad para graduarse.
- Si elige un tema significativo, los reveses diarios en su investigación no lo desanimarán.
- Seguirás trabajando en un campo importante y aprenderás las habilidades y la experiencia necesarias para tu carrera. (Farkas, 2017, párr. 28-33)

⌬ "¿Dónde busco los temas?"

Lee mucho, ¿no te ha pasado que antes no sabías que existía cierto tópico, pero una vez que lees un pequeño artículo u otro texto, de manera inexplicable te interesa el mismo y tienes mucha curiosidad por saber más?, o ¿descubres lo bueno que eres para entender y hablar sobre este tema?, allí puede estar la solución a tu problema.

> *Las prácticas profesionales siempre son una fuente de conocimientos y experiencia*, ¿qué te parecería hacer una tesis aplicada al lugar donde realizaste esta práctica?, o ¿qué tal que ese lugar te lleve a descubrir un problema social, económico, político o de la naturaleza sobre el cual puedes escribir y plantear alguna estrategia de solución en tu tesis?

Tu universidad puede convertirse en una lista inagotable de temas para investigar, tus compañeros de clase, algún profesor, los grupos de investigación, los eventos estudiantiles, etc., pueden ser la mejor fuente de inspiración para hallar tu objeto de estudio, pues en ellos puedes encontrar una temática que de verdad llene tus expectativas y te anime a estudiarla.

No dejes de lado tus vivencias personales cotidianas, muchas veces en nuestro diario vivir están las respuestas, desde una tía que te habla sobre algo que le preocupa y te pida tu opinión, hasta tu mamá cuando habla orgullosa sobre algún talento tuyo con el resto de la familia. (UVR correctores de textos, 2018b, párr. 10-13)

En los siguientes artículos, escritos en nuestro blog, encontrarás formas interesantes para hallar un tema que puedas trabajar en tu tesis:

Haz de la tesis un proyecto de vida y termínala rápidamente:

Los mejores consejos para que encuentres tu tema de tesis:

Descubre cuál es tu inteligencia y termina tu tesis rápidamente:

Además, hemos preparado un *test* para que descubras con qué tipo de tesis de graduarás más rápido:

Descubre con qué tipo de tesis te graduarás más rápido (test):

jose.r.mora Ustedes son excelentes, gracias por todo lo que hacen!
3sem   2 Me gusta   Responder
uvrcorrectores @jose.r.mora con muchísimo gusto.
3sem   1 Me gusta   Responder
slpz13 Excelentes consejos
3sem   1 Me gusta   Responder
uvrcorrectores @slpz13 gracias
3sem   Responder

¿Cómo elegir tu asesor de tesis?

💬 **"No he podido terminar por culpa de mi asesor, pues nunca tiene tiempo y no me responde los mensajes. ¿qué hago?"**

OK. Tal y como dijimos en la Parte I, donde compartimos los resultados de nuestro estudio, el papel que juega el asesor en la terminación de la tesis es clave e incluso podría llegar a ser determinante, de modo que si eliges el asesor correcto ello puede significar mucho para el feliz término de tu carrera. En la Figura 15 te resumimos cuatro aspectos que consideramos debe reunir un buen asesor para que sea el ideal:

Figura 15

Recomendaciones para elegir un buen asesor/tutor de tesis

Debe ser alguien acorde y conocedor del tema.

Debe ser una persona con la que tengas la suficiente confianza.

Debe tener el tiempo suficiente como para realizar revisiones periódicamente a tu trabajo.

De preferencia, debe haber dirigido otras tesis con anterioridad.

Fuente: (TecnoEC, 2013)

Otros rasgos que también deben caracterizar a un buen asesor es que este debe mostrarse interesado en que tu tesis sea aprobada, además, debe proporcionarte una retroalimentación sumativa y enriquecedora cuando sea necesario. Asimismo, es importante que entre ambos exista una buena relación, para lograrlo recuerda ser agradecido, amable, flexible, cortés y responsable.

Por otra parte, recuerda que tú eres una especie de cliente y que si no has recibido una buena atención por parte de tu asesor debes tomar medidas oportunamente. Es como si necesitaras comprar un vestido y el vendedor no responde ante tus dudas o algún requerimiento, ¿en ese caso qué harías?, seguramente buscarías al gerente o pedirías que te atienda alguien que sí tenga disponibilidad.

De la misma forma debes tomar medidas si no recibes repuesta de tu asesor, ello no debe ser una excusa para no terminar tu tesis en menos tiempo; no permitas que factores de esta naturaleza sean una piedra en el camino. *Terminar la tesis también depende de un cambio en tu actitud.*

Tip UVR: si tu asesor no te contesta los mensajes de WhatsApp ni los correos, llámalo. Si tampoco contesta tus llamadas o te contesta con groserías y evasivas ve a tu facultad y manifiéstalo. Y si después de tomar estas medidas no ves mejoría alguna, pide un cambio de asesor. No debes olvidar que se trata de tu tesis y eres tú quien necesita ese título para lograr el empleo que buscas, el ascenso que deseas o lograr tu realización personal.

¿Cómo seleccionar el título de tu tesis?

La selección del título suele ser subvalorada con frecuencia, pero en realidad este es uno de los puntos más relevantes de tu tesis porque, por ejemplo, cuando las personas buscan información en las bases de datos para consultar y/o recopilar antecedentes teóricos o bibliográficos no siempre suelen revisar el resumen de los trabajos, sino que solo prestan atención al título que estos llevan. Por consiguiente, seleccionar el título más adecuado debe ser una de tus prioridades.

💬 "El título de mi tesis ocupa tres renglones, ¿está bien?"

El título debe ser concreto y capaz de recoger la idea principal de la investigación, por lo que se considera que la extensión ideal que debe tener un título es de 18 palabras. En caso de que no puedas sintetizar la idea en este número divídela en título y subtítulo, separados por dos puntos. Ten en cuenta que es preferible que el título de la investigación no lleve interrogaciones ni exclamaciones.

💬 "¿Cuáles son los errores más frecuentes en los títulos?"

De acuerdo con el Sistema de Bibliotecas de la Universidad de Antioquia (2010) los errores más frecuentes son los siguientes:

- Falta de claridad.
- Uso de términos ambiguos o vagos.
- Uso de jerga o términos coloquiales.
- Uso de abreviaturas y siglas.
- Título con punto final.

- Exposición repetitiva e inútil de un concepto que se da por supuesto. Por ejemplo:
  - o "Estudio sobre".
  - o "Investigación acerca de".
  - o "Determinación de".
  - o "Contribución a".
  - o "Resultados de un estudio sobre".
  - o "Análisis de los resultados de" (UVR correctores de textos, 2019a, párr. 18).

Existen dos trucos para obtener el título de tu tesis:

1. **"Quítale el verbo a tu objetivo general".**
   Por ejemplo:
   Objetivo general: "<u>Hallar los</u> determinantes de la pobreza en Barcelona 1990-2019".

   Título: "Determinantes de la pobreza en Barcelona 1990-2019". (UVR correctores de textos, 2019a)

2. **"Título = problema o hipótesis + delimitación espacial y/o temporal".**
   Por ejemplo:
   - Principales causas de la pobreza en Cusco durante el periodo 2000-2019.
   - Diferencias entre los factores que incrementan la competitividad de Colombia y Brasil (2010-2019). (UVR correctores de textos, 2019a, párr. 6)

Ahora bien, cuando el proyecto de grado vaya más allá de un análisis descriptivo o documental, y se trate de diseñar o implementar algún tipo de prototipo, es recomendable incluir el tipo de documento en el título para dar claridad sobre el alcance de este, así:

Tipo de documento + problema o hipótesis + delimitación espacial y/o temporal

- Diseño de una herramienta tecnológica para mejorar la comprensión lectora en estudiantes: estudio en el grado tercero de una Institución Educativa en México, D.F.
- Implementación de un sistema alternativo para suministrar agua potable: caso de una comunidad indígena del norte de Colombia. (UVR correctores de textos, 2019a, párr. 7-9)

lucia.tor.h Excelente! Muchas gracias!
11sem 1 Me gusta Responder
uvrcorrectores @lucia.tor.h con muchísimo gusto.
11sem Responder
diegovb6 Buenísimo, soy si fan #1
11sem Responder
uvrcorrectores @diegovb6 un millón de gracias por esas palabras.
11sem 1 Me gusta Responder
camigarcia_16 Genialisimo!! Jaja muchas gracias!
11sem Responder

¿Cómo lograr que tu propuesta de tesis y tu anteproyecto sean aceptados?

La propuesta

Una vez hayas seleccionado el tema, que es la tarea más difícil, debes pasar a construir tu propuesta de tesis. Esta consiste en elaborar un documento en el que resumirás la investigación que tienes en mente para terminar tu trabajo de grado.

El objetivo de la propuesta de tesis es convencer a tus asesores, tus jurados o al comité evaluador de que el tema que estás proponiendo es relevante y que la metodología que piensas implementar es la adecuada para alcanzar los objetivos, responder a las preguntas de investigación o probar tus hipótesis.

La propuesta tiene una estructura básica que es similar en todas las universidades, a saber:

1. Resumen.
2. Introducción.
3. Planteamiento del problema.
4. Objetivos, preguntas o hipótesis.
5. Revisión del estado del arte.
6. Propuesta de marco teórico.
7. Metodología por utilizar.
8. Resultados esperados.
9. Cronograma.
10. Referencias.

Todo esto debes presentarlo en tu propuesta de forma resumida, sin escribir de más y sin profundizar demasiado, puesto que el criterio fundamental para la evaluación y posterior aprobación de una propuesta de tesis es que la intención investigativa se formule y desarrolle con claridad. En ello es determinante y de suma importancia que lo propuesto en este primer documento demuestre a cabalidad lo que quieres estudiar y obtener al finalizar con tu proyecto.

En el Capítulo 1. Preliminares de la Parte III encontrarás cómo desarrollar cada uno de los puntos de tu propuesta de tesis. Solo recuerda que la propuesta es una versión sintetizada de estos y que la idea principal es plantear con claridad lo que quieres desarrollar con la realización de tu tesis; además, debes recordar que este es apenas el primer paso y tu único propósito es llamar la atención del jurado sobre tu tema y tu forma de investigar, por eso también es relevante decirle por qué son importantes los resultados que esperas obtener, quiénes se benefician con el desarrollo de tu investigación o qué problema resuelve.

$\wp$ **"¿Me podrían dar unos consejos generales para presentar mi propuesta?"**

Los aspectos básicos que debes tener en cuenta para presentar tu propuesta de investigación y que esta sea aprobada son los siguientes:

- Pertinencia:

La propuesta de investigación debe ser pertinente en términos de conocimiento. Por ello debe estar justificada dentro de los siguientes aspectos:

  - La filosofía investigativa de tu programa.
  - Las disciplinas del saber de este.

- o La línea de investigación seleccionada.

- **Relevancia:**

Tu propuesta debe ser relevante en términos de lo siguiente:

- o Las investigaciones realizadas con anterioridad (no aplica para estudios exploratorios), bien sea para continuarlas o tomarlas como referente.

- o Las características del entorno (académico, empresarial, político, social, etc.) por las que se requiere desarrollar tu estudio.

- o Por la aplicabilidad de sus resultados, es decir, el impacto que tendrán en la solución del problema seleccionado.

- **Fuentes de información:**

La disponibilidad de la información para tu estudio es uno de los principales aspectos que las universidades tendrán en cuenta para aprobarlo, por eso ten en cuenta que es necesario que las fuentes sean:

- o Suficientes

- o De actualidad

- o De fácil acceso

- o Confiables

Y que, además, estas te permitan:

- o Llegar a un mejor conocimiento del tema

- o Planificar tu investigación

- o Identificar métodos y diseños para el trabajo

- o Delimitar el marco teórico. (UVR correctores de textos, 2018a, párr. 7-17)

Por otra parte, es muy importante que no olvides seguir al pie de la letra el formato para propuestas de tesis que te envían en tu universidad, no trates de agregar más información de la que te piden o, peor aún, de dejar puntos sin desarrollar. Si solicitan que incluyas tres teorías en el marco teórico que propones no incluyas cinco o seis, sino tres; de igual forma, si te piden explicar el planteamiento del problema en tres párrafos no incluyas una página completa. Seguir el formato es primordial porque es un criterio que las universidades tienen muy en cuenta para tomar la decisión de aprobar o no tu propuesta.

Además, debes tener en cuenta que "su propuesta de tesis es el anteproyecto de su tesis (y su vida en los próximos meses), así que planifique un proyecto que pueda completarse con los recursos disponibles en un periodo de tiempo razonable" (Farkas, 2017, párr. 24).

El anteproyecto

El anteproyecto es una versión ampliada de la propuesta, por tanto, si logras que tu propuesta sea aceptada, hacer el anteproyecto y aprobarlo será una tarea sencilla. Un consejo que debes tener presente para lograrlo es que el anteproyecto aún no es el proyecto final, así que no trates de aplicar la metodología o incluir los resultados, solo concéntrate en las partes preliminares que describiremos en el Capítulo 1 de la Parte III, y únicamente agrégale los resultados esperados y el cronograma.

Al escribir el apartado de **resultados esperados** necesitas poner en práctica la técnica de la visualización que, como su nombre lo indica, consiste en visualizar la tesis terminada, esto lo puedes hacer formulándote unas preguntas clave a las cuales debes dar respuesta para poder completar este apartado. Según Farkas (2017) "visualizar el resultado final de un proyecto importante es muy motivador en sí mismo" (párr. 83).

Así pues, para la construcción del apartado de resultados esperados puedes preguntarte lo siguiente:

- "¿Cuáles son los posibles resultados o resultados de este estudio?
- ¿Qué esperas encontrar al aplicar la metodología?
- ¿Qué mostrarán sus tablas y gráficos?
- ¿Cómo contribuye este trabajo a su campo de investigación, comunidad o grupo de interés?" (Farkas, 2017, párr. 77).

> Hacer estas preguntas es sumamente importante porque "cuando estructura su investigación y la redacción de una propuesta de tesis, al hacer las preguntas correctas, podrá diseñar un proyecto realista que se pueda completar a tiempo y le proporcione habilidades laborales comercializables" (Farkas, 2017, párr. 86).

Asimismo, no debes olvidarte de construir un **cronograma** de estricto cumplimiento, con el cual deberás convencer al comité evaluador de que el tiempo que te estás proponiendo para realizar todas las actividades necesarias para terminar tu tesis es suficiente.

Ahora, si bien necesitas demostrar que has calculado perfectamente el tiempo que necesitas para terminar tu investigación, lo más importante es que después tengas la disciplina que se requiere para cumplir a cabalidad con los plazos que te propusiste en ese cronograma.

Es probable que en el desarrollo del trabajo las cosas puedan cambiar y te puedas retrasar con el cumplimiento de alguna tarea, pero lo ideal sería que ello no sucediera porque procrastinaste, sino por factores que no puedes controlar; y en caso de que te atrases en alguna tarea, siempre trata de dedicarle el doble de tiempo a la próxima actividad para que logres terminar ambas: tanto la atrasada como la que te corresponde en ese momento.

Para hacer el cronograma tenemos una plantilla que puedes descargar aquí, con el siguiente código QR:

#QuedateEnCasa   6:40 a. m.   27 %
Comentarios
Comentarios destacados
ju.ancarlos1912 Holas, otra verdad: Uds a los Lic; a los Dr; a los Mg en Cs de la educación les dan un guadañazo porque tal vez pocos explican como lo hacen en esta cuenta   saludos
3sem   17 Me gusta   Responder
uvrcorrectores @ju.ancarlos1912 un millón de gracias por decirnos.
3sem   4 Me gusta   Responder
Ver 1 respuestas más
johabonillaloz Súper explicado, genial
3sem   Responder
uvrcorrectores @johabonillaloz
3sem   2 Me gusta   Responder
karinapuvogel Genialmente expuesto
3sem   1 Me gusta   Responder
Agrega un comentario...

Parte III. Desarrollo de la tesis

Aprende a redactar cada una de las partes de la tesis con consejos sencillos y ejemplos prácticos.

En esta segunda parte del manual nuestro objetivo es brindarte los consejos clave con los cuales puedes construir cada apartado de tu trabajo de grado.

Aunque cada tesis es diferente, independientemente del tema, la carrera, la universidad y el nivel académico de esta, todas guardan una estructura similar; muchas veces se cambia el orden en el que se presentan, pero lo que sí es seguro es que cualquier tesis deberá contener los capítulos que te mencionamos y explicamos a continuación. Por esa razón, la estructura que estás a punto de conocer puedes adaptarla sin problema a tu tesis. Ten en cuenta que lo que leerás en estas páginas en adelante es una guía para que aprendas cuáles son los requisitos básicos y generales con los que debe cumplir cada una de las partes de una tesis, de manera que puedas empezar a redactar la tuya sin problemas.

Capítulo 1. Preliminares

Los apartados preliminares, como su nombre lo indica, representan el conjunto de títulos y subtítulos donde se expone una visión general de la de tesis. En esta sección se mencionan los objetivos, el planteamiento del problema, la justificación, entre otros elementos que ayudan a entender a grandes rasgos de qué trata la investigación, cuál es su importancia y qué resultados se pueden esperar con su realización. En las siguientes páginas te explicaremos construir cada subsección de las preliminares.

Resumen

💬 **"Ya no sé qué hacer con mi resumen, mi profesora dice que está muy largo y lo he reducido varias veces"**

La complejidad del resumen radica en que necesitamos tener una gran capacidad de síntesis para que quede perfecto, sin embargo, aquí te vamos a dar la clave para que lo hagas de la mejor manera. Es esencial que el resumen comprenda estos seis puntos.

1. El título de tu tesis.
2. Explicación breve del tema (dos renglones).
3. El objetivo general de la tesis.
4. La metodología utilizada (brevemente).
5. Los hallazgos principales de tu tesis.
6. La conclusión de tu tesis.

Al abarcar estos seis puntos en tu resumen te garantizamos que convencerás a tu profesora, puesto que tendrás un excelente y completo resumen. Recuerda que por lo general la extensión de este se encuentra entre las 200 y 250 palabras.

No te olvides de las palabras clave, a veces se escogen de forma rápida y sin un estudio previo porque se anotan pensando solo en llenar un requisito, pero estas palabras serán determinantes para que tu tesis pueda ser consultada por otros estudiantes en un futuro. Las palabras clave son como los códigos que describen tu tesis en una base de datos, de modo que gracias a estas es posible clasificar tu tesis en una temática o sección para que los demás investigadores puedan hallarla de una forma más sencilla, y seguramente querrás que en algún momento tu tesis sea citada en la investigación de otra persona. ☺

Ejemplo de resumen

Análisis de los programas de Responsabilidad Social Empresarial (RSE) de la empresa Ecopetrol (1991-2015)[1]

La Responsabilidad Social Empresarial (RSE) es un tema muy en boga debido a miles de voces que se han alzado para pedir más compromiso de las empresas con la sociedad, especialmente cuando las empresas son del Estado, tal es el caso de Ecopetrol.[2] La presente investigación tiene como objetivo analizar la estrategia de Responsabilidad Social Empresarial (RSE) de la empresa Ecopetrol entre los años 1991-2015, con el fin de encontrar fortalezas y debilidades que puedan ser potencializadas y superadas, a través de propuestas de mejora[3]. Para lograr el objetivo se emplea un método de investigación descriptivo basado en una técnica de revisión documental, en primer lugar, se describe la RSE en Colombia en cuanto a su historia, teoría y marco legal; luego se exponen los principales aspectos del programa de RSE de la empresa Ecopetrol; posterior a ello se realiza un análisis estratégico; y finalmente, con los resultados obtenidos, se formulan las estrategias de mejora desde el punto de vista académico, los cuales se constituyen como un plan para fortalecer la estrategia de RSE de Ecopetrol[4]. Al realizar el análisis DOFA se observó que Ecopetrol es una empresa con unos pilares fuertes y destacados en cuanto RSE, sin embargo, aún hay espacio para mejorar. Por tal razón se identificaron algunos de los elementos por tener en cuenta al formular estrategias que permitan superar sus debilidades a través de sus fortalezas y hacerles frente a sus amenazas al sacarle provecho a las oportunidades[5]. Palabras clave: Responsabilidad Social Empresarial, desarrollo sostenible, análisis cooperativo, competitividad.

Fuente: tomado de (Zapata, 2013)

---

[1] Título.
[2] Generalidades sobre el tema.
[3] Objetivo de la investigación.
[4] Metodología.
[5] Resultados.

Introducción

La introducción es la carta de presentación de tu trabajo de grado, de hecho, muchos lectores y jurados están en capacidad de emitir un juicio de valor sobre la calidad de la tesis con solo leer el contenido de este apartado. Por consiguiente, en el apartado introductorio debes ser capaz de recoger la idea general y la esencia de la tesis, puesto que su importancia es altísima.

💬 **"¿Es cierto que en la introducción debo hacer un resumen de mi tesis?"**

Esta idea es completamente errónea, lo correcto es que la introducción de la tesis responda estos cuatro interrogantes:

1. *¿Qué voy a investigar?* Aquí se describe y contextualiza el tema en cuestión.

2. *¿Para qué voy a hacerlo?* Debes justificar tu investigación, es decir, mencionar su importancia académica y social.

3. *¿Cómo voy a hacer la investigación?* Debes escribir brevemente la metodología o los pasos que vas a seguir para desarrollar la investigación. En otras palabras, debes describir resumidamente la metodología que vas a emplear.

4. *¿Cuáles son los resultados esperados?* En este punto es necesario mencionar hacia dónde quieres llegar con la investigación, y qué esperas obtener con ella.

💬 **"¿Es correcto citar autores en la introducción?"**

Es totalmente incorrecto. No debes citar a ningún autor en la introducción, salvo que lo hagas a modo de epígrafe.

💬 **"¿Qué puedo colocar al final de la introducción?"**

Al final se recomienda escribir un resumen de lo que contendrá cada capítulo de la tesis, de tal manera que el lector conozca, antes de adentrarse en la lectura, la forma como estará estructurado el documento.

Ejemplo de introducción

La Ciudad Amurallada de Cartagena de Indias constituido a nivel nacional como un atractivo turístico de gran relevancia en Colombia por la oferta de atractivos culturales, religiosos, arquitectónicos, ecológicos, históricos. entre otros que la convierten en uno de los destinos más importantes para los viajeros que buscan diversión.

La presente investigación tiene como objetivo construir un plan de mejora para la Ciudad Amurallada desde un punto de vista académico, con el fin de aportar herramientas para potencialización del destino turístico[6]. Para lograr el objetivo trazado se utilizó una metodología de tipo analítico apoyada en técnicas de investigación tanto cualitativas como cuantitativas; las primeras estuvieron conformadas por entrevistas que se le realizaron al personal de entidades públicas; y las segundas corresponden a encuestas que se les realizaron a turistas, visitantes o habitantes de los diversos municipios que componen el anillo, y al personal encargado en los diversos operadores turísticos presentes en la ruta. Además de las fuentes primarias, conformadas por las encuestas y entrevistas, se utilizaron fuentes secundarias constituidas por diversos tipos de documentos que contenían información ya elaborada, la cual resultó pertinente para el trabajo.[7]

Es importante mencionar que la presente investigación reviste una gran importancia tanto a nivel práctico como académico. Ello debido a que se convierte en una herramienta de gestión para las diversas autoridades de la ruta turística Anillo de los Dinosaurios, la cual puede ser tomada en cuenta para implementar futuros planes de mejora en el destino turístico.[8]

El documento está dividido por capítulos. En el primero de ellos se presenta una descripción de las generalidades de la ciudad de Cartagena de Indias, en cuanto a su composición económica y datos poblacionales. Seguidamente, en el segundo capítulo, se presenta una caracterización de la oferta y la demanda turística en la ciudad, además, se muestran los principales atractivos con los que cuenta el municipio y las preferencias de los visitantes. Luego, en el tercer capítulo, se realiza un análisis estratégico del destino turístico, el cual se llevó a cabo mediante el estudio de la planificación realizada por el distrito y también de su cadena de valor.

Posteriormente, en el cuarto capítulo, se presenta el plan de mejoramiento para el destino turístico, el cual corresponde al producto final de la investigación. Allí se incluye, por una parte, el análisis FODA con el que se identifican los principales aspectos por mejorar; y, por otra parte, se describen las estrategias de mejora y propuestas para superar cada aspecto identificado. En cada estrategia se define el problema por mejorar, las acciones de mejora que se deben llevar a cabo, los beneficios esperados y los municipios a los que va dirigida. Finalmente, luego del desarrollo capitular descrito se presentan las conclusiones del estudio, las referencias bibliográficas de las fuentes empleadas y los anexos de la investigación.[9]

---

[6] ¿Qué voy a investigar?
[7] ¿Cómo?
[8] ¿Para qué?
[9] Resumen capitular y resultados esperados.

Objetivos

Los objetivos son el propósito central de tu tesis, es decir, el compromiso que asumes al decidir realizar esa investigación o solucionarás el problema abordado (objetivo general); pero también son aquellas metas que debes alcanzar poco a poco para poder cumplir con el propósito central (objetivos específicos).

> **Recuerda:**
>
> Los objetivos deben estar escritos en verbo infinitivo y no debes agregarles ningún tipo de introducción o explicación al final, además, estarán expresados en forma de una oración que incluye lo siguiente:
>
> <u>Verbo</u>[1] + <u>complemento</u>[2] + <u>sujeto de estudio</u>[3] + <u>delimitación geográfica o temporal, o características como género, edad, etcétera</u>[4].
>
> Por ejemplo:
>
> <u>Analizar</u>[1] <u>las formas de aprendizaje</u>[2] en los <u>estudiantes de quinto grado</u>[3] <u>en una Institución Educativa de Lima, Perú</u>[4].

En tu investigación debes plantearte un solo propósito, por ejemplo, si tu objetivo general es describir la forma de vida de la población indigente en la ciudad de México, no debes escribirlo como sigue:

> × Describir la forma de vida de la población indigente en la ciudad de México, para encontrar las causas de su situación y plantear alternativas de mejora, así como acciones concretas para evitar que más personas terminen en la indigencia.

En ese caso incluirías al menos tres propósitos dentro de tu objetivo general, y recuerda que tu investigación debe darle solución a un solo problema. Así pues, lo correcto en este caso sería seleccionar uno de estos propósitos como objetivo general, mientras que los demás podrían ser parte de tus objetivos específicos. Veámoslo en el ejemplo:

> **Objetivo general:**
> - ✓ Diseñar un plan de acción para mejorar las condiciones de vida de la población <u>indigente de la ciudad de México</u>.
>
> **Objetivos específicos:**
> - ✓ Describir la forma de vida de la población indigente de la ciudad de México.
> - ✓ Determinar las posibles causas que llevaron a estas personas a caer en la indigencia.
> - ✓ Comparar planes de acción realizados en otros países de Latinoamérica enfocados a la población indigente.
> - ✓ Plantear un conjunto de estrategias orientadas a solucionar desde diversos frentes el problema de <u>la indigencia en la ciudad de México</u>.

Objetivo general

El objetivo general debe responder principalmente al título y al problema de investigación. Existe una forma sencilla y profesional para formular tu objetivo general, la cual consiste en agregarle un verbo al título de tu tesis. Por ejemplo:

> Título: "Determinantes de la pobreza en Latinoamérica 1980-2015".
>
> Objetivo general: "Hallar los determinantes de la pobreza en Latinoamérica 1989-2015".

De esta forma se obtiene el objetivo general, pero también es posible sustituir el verbo *hallar* por otros como *establecer, encontrar, demostrar,* entre otros.

Un aspecto muy importante que debes tener en cuenta al momento de seleccionar tu objetivo general es que lo más recomendable es evitar el uso de verbos como "capacitar, motivar, cambiar, mejorar, enseñar, entre otros que constituyan acciones finales; dado que este tipo de acciones casi nunca se consiguen durante el proceso investigativo. Principalmente porque implican mucha dedicación de tiempo y recursos para un tesista de pregrado" (Bernal, 2010, p. 97).

Objetivos específicos

Los objetivos específicos conducen y dan respuesta al objetivo general. Son los propósitos que marcarán tu investigación.

💬 **"¿Mis objetivos específicos deben tener un orden?"**

Por supuesto. El orden que deben seguir los objetivos de tu trabajo es de tipo deductivo, es decir, deben ir de lo general a lo particular. A continuación, te mostramos una descripción del contenido que deben tener los objetivos específicos de acuerdo con el orden en que deben ser presentados:

> **Objetivos específicos 1 y 2:** deben contener una contextualización, un diagnóstico o descripción del tema (generalidades).
>
> **Objetivos específicos 3 y 4:** deben contener la discusión de los resultados y las propuestas (particularidades).

💬 **"Un amigo me dijo que puedo poner el número de objetivos específicos que yo quiera"**

Muy mala sugerencia de tu amigo. Se recomienda que una tesis de pregrado tenga entre 3 y 5 objetivos específicos, pero lo más importante es que la cantidad de objetivos específicos sea igual al número de capítulos desarrollados. Por ejemplo: si tienes cuatro objetivos específicos, tu tesis deberá constar de cuatro capítulos o apartados. En la Figura 16 se muestra una secuencia conocida como modelo SMART, la cual te permitirá formular correctamente los objetivos de tu tesis.

Figura 16

Modelo SMART para la formulación de los objetivos

Planteamiento del problema

Este apartado es uno de los más importantes en tu tesis porque es donde debes explicar el problema que te propones investigar y buscarle solución con tu estudio. Aquí no solo se incluye la formulación de la pregunta de investigación, sino también la descripción del problema.

Descripción del problema

Aquí debes mencionar todas las características generales del problema que investigas, a saber: ubicación geográfica, género, población afectada, entre otras variables que sean pertinentes para tu investigación. Asimismo, debes explicar cuál es alcance del tema investigativo, es decir, hasta dónde llegarás; cuáles son las causas probables del problema que estudias; y cuáles son las posibles soluciones para este.

💬 **"Me corrigen mucho la descripción del problema porque está mal planteado"**

No eres la única persona a la que le ha pasado esto, pero puedes evitar este tipo de situaciones y elaborar correctamente tu planteamiento del problema al tener en cuenta los siguientes consejos:

1. Explica algún hecho o problema de relevancia: preferiblemente sustenta con datos estadísticos lo que está ocurriendo.

2.Identifica qué tipo de problema es: "Teóricos: cuyo propósito es generar nuevos conocimientos. Prácticos: con objetivos destinados al progreso. Teórico-prácticos: para obtener información desconocida en la solución de problemas de la práctica" (Pérez, 2010, párr. 6).

3. No debes tratar más de un problema: recuerda lo dicho, "quien mucho abarca, poco aprieta". Dedícate a sustentar sólidamente un solo problema en la investigación.

4. Menciona las consecuencias del problema: esto le otorgará la correcta magnitud a tu tesis y atraerá el interés de otros tesistas e investigadores por su lectura.

Ejemplo de descripción del problema

El teletrabajo a nivel mundial, el panorama general y sus perspectivas en cuanto a esta modalidad laboral están llevando a las organizaciones a innovar y han aumentado la productividad y la rentabilidad de estas, pues por cada teletrabajador una organización puede ahorrarse hasta USD 11.000 al año, monto que está asociado a costos fijos. A la vez, cada empleado que trabaje desde su hogar podrá ahorrarse entre USD 2.000 y USD 7.000 en transportes, alimentación y vestuario. Todo ello aporta significativamente a reducir el impacto medioambiental, a aumentar la calidad de vida, entre otros[10].

El 20 % del total de la población mundial teletrabaja, de este porcentaje el 84 % de los teletrabajadores teletrabaja al menos una vez al mes y aproximadamente un 10 % ejecuta sus tareas diariamente desde su hogar o el lugar de su elección. A nivel latinoamericano, Argentina es uno de os países líderes en teletrabajo, y existen alrededor de 1 800 000 oficinas en los hogares del país.

Actualmente en Colombia hubo, según las cifras del Ministerio de Trabajo, cerca de 31 533 teletrabajadores en el 2012, concentrados principalmente en Bogotá con un número cercano a los 23 485, Cali con 3012 y Medellín con 2850; la mayor parte en ciudades capitales con niveles de industrialización más avanzados que otras regiones del país[11].

En el distrito de Cartagena de Indias, teniendo en cuenta el reporte del DANE de enero de 2015, la tasa de desempleo fue de 7.9 % y hubo 36 000 desocupados; no obstante, aún no se evidencian estrategias claras por parte del distrito para incorporar estos elementos poblacionales a las actividades productivas del mercado laboral. Por tanto, haciendo uso del trabajo como estrategia laboral se proporcionaría la inclusión e integración de la población vulnerable al aparato productivo nacional por medio del uso de las TIC[12].

En ese sentido, el aumento de la tasa de desempleo y el crecimiento progresivo del trabajo informal en la ciudad muestra la problemática laboral que no solo repercute en el bienestar y la estabilidad sociopolítica de esta, sino que también incide negativamente en la eficiencia de la economía local.

Recientemente se ha evidenciado algún interés en promover y reglamentar esta figura, principalmente debido a los beneficios que le genera al empleador y al trabajador, dentro de los cuales se resaltan: la generación de empleo, el aumento de la formalización laboral, la reducción de los costos operacionales, el mejor aprovechamiento del tiempo, la mejora en la calidad de vida de la clase trabajadora, abriendo campo a aquellas personas que no participan en el mercado laboral por tiempo, distancia del trabajo, etc.[13]

Sin embargo, no se encuentran análisis en el distrito de Cartagena en lo que respecta a la inclusión laboral y social por medio de la implementación del teletrabajo, modalidad de trabajo sobre la cual no se conocen los aportes que le genera al aparato productivo y su impacto en la población ocupada de la ciudad, por lo que se propone o formula el siguiente interrogante: ¿cuál es la contribución del teletrabajo como una estrategia de inclusión sociolaboral para el distrito de Cartagena?[14]

---

[10] Se aborda un solo tema: el teletrabajo.

[11] Explicar el problema de relevancia y sustentarlo con estadísticas.

[12] Se identifica qué tipo de problema es, en este caso es teórico-práctico porque busca generar información desconocida para la solución de un problema.

[13] Se mencionan las consecuencias del problema.

[14] Se identifican las variables que interfieren en el problema.

Formulación del problema

La formulación del problema (pregunta de investigación) delimita el problema y ubica el tema de la tesis en el aspecto sobre el cual quieres trabajar, muchas veces el problema es muy amplio, por lo que con una o varias preguntas de investigación puedes ubicar la investigación en ese aspecto que más te llame la atención. De ahí la importancia de establecer límites temporales y espaciales en la tesis, es decir, determinar en qué periodo se realizará el estudio y en qué ubicación geográfica, en caso de que se aplique.

Además, la formulación del problema debe estar relacionada estrechamente con el objetivo general, no es correcto que en el objetivo te propongas algo diferente a aquello a lo que quieres dar respuesta con la pregunta. Un ejemplo de una investigación donde la formulación del problema ha sido bien relacionada con el objetivo general es el siguiente:

> Objetivo general: "Identificar el impacto de las redes sociales en los hogares de la región del Bío-Bío 2009-2016".
>
> Pregunta: "¿Cuál es el impacto de las redes sociales en los hogares de la región del Bío-Bío en el periodo 2009-2016?".

Asimismo, debes verificar que tu pregunta de investigación sea viable, es decir, que realmente puedas llegar a responderla luego de aplicar la metodología que vas a emplear. Además, debe ser importante para un grupo o una comunidad y, por supuesto, estar relacionada de alguna manera con la carrera de pregrado o posgrado que cursaste en la universidad.

Dos consejos muy importantes obtenidos de la *Guía para la presentación de trabajos científicos bajo el estándar APA* en la Universidad EAN son los siguientes:

1. Evitarse plantear preguntas sobre estados futuros de cosas: ¿puede la biotecnología eliminar los problemas de salud pública en el próximo siglo?

2. Abstenerse de formular preguntas totalizantes: ¿cuál es el sentido de la existencia?, ¿cómo funciona el universo y sus alrededores? O preguntas disciplinares clásicas: ¿qué es la filosofía?, ¿cuál es el origen de la sociedad?

Es importante tener siempre presente que la capacidad de trabajo tiene un límite, y que preguntas como estas son muy difíciles de resolver de manera plausible en una investigación. (pp. 54-55)

Verifica que tu pregunta sea abierta:

Las preguntas abiertas tienen una probabilidad mucho mayor de éxito.

En el caso de un estudiante de Biología, pensó en hacer una pregunta como: "¿Las células producen una proteína en particular en estas condiciones?".

Sin embargo, si la respuesta hubiera sido "no", no habría sido interesante el estudio.

En cambio, formuló su pregunta de investigación de la siguiente manera: "¿Qué proteínas producen las células en estas condiciones?", o "¿cómo influye XYZ en la producción de proteínas?".

Asegúrese de que su pregunta esté bien definida.

En otras palabras, cuando haga su pregunta de tesis, piense en los posibles resultados.

¿Qué resultados esperas?, ¿son interesantes e incluso publicables? Para resumir este punto clave, considere lo siguiente cuando elabore su pregunta de tesis:

i) Haga preguntas abiertas.

ii) Asegúrese de que sus posibles resultados sean interesantes y publicables. (Farkas, 2017, párr. 50-59)

Planteamiento de la hipótesis

Las hipótesis son explicaciones tentativas del fenómeno investigado. En la tesis estas son aquellos enunciados donde se plantea una posible relación entre dos o más fenómenos o variables, la cual será probada en el desarrollo del trabajo de grado mediante la implementación de la metodología seleccionada para extraer conclusiones sobre la investigación, dado que por medio de las hipótesis se da respuesta a la formulación del problema de investigación y se operacionalizan los objetivos.

Hay que decir que estos enunciados no son necesariamente verdaderos, pueden o no serlo, y de la misma forma pueden o no comprobarse con datos.

💬 "¿Las tesis siempre deben llevar hipótesis?"

La formulación de una hipótesis es necesaria siempre que en la investigación se quiera probar una suposición y no solo mostrar los rasgos característicos de una determinada situación, o cuando se desarrollan investigaciones donde se busca probar el impacto que tienen algunas variables entre sí, o el efecto de un rasgo o variable en relación con otro(a).

Ten en cuenta:

Es muy importante que en tus hipótesis dejes claro cuál es el tema sobre el que estás investigando. No debes extenderte tanto en su formulación, sé conciso(a), recuerda que cada apartado de la tesis tiene su estructura y propósito, y el de tu hipótesis es simplemente enunciar en pocas palabras el supuesto que deseas comprobar con tu investigación.

💬 "¿Todos los tipos de investigación requieren de una?"

No. La formulación de una hipótesis depende del alcance del estudio. Por ejemplo, las investigaciones de tipo descriptivo no requieren que se formulen hipótesis, en dicho caso será suficiente con que los estudiantes planteen algunas preguntas de investigación; a menos que su alcance sea descriptivo, en el que se utilizan para intentar pronosticar una cifra o un hecho. Según Hernández et al. (2014):

> Estas hipótesis se utilizan a veces en estudios descriptivos, para intentar predecir un dato o valor en una o más variables que se van a medir u observar.
>
> [...] Ejemplo:
>
> Hi: "El aumento del número de divorcios de parejas cuyas edades oscilan entre los 18 y 25 años, será de 20 % el próximo año". (En un contexto específico como una ciudad o un país).

Hi: "La inflación del próximo semestre no será superior a 3 %". (p. 108)

No obstante, en el caso de la investigación experimental, correlacional y explicativa siempre es necesario partir de hipótesis que serán las que guiarán el respectivo estudio.

> Un truco al escribir la hipótesis es usar la forma *si…entonces*, esto es, "si se toma una acción específica, se espera un resultado determinado" (Enago Academy, s.f., párr. 10). Por ejemplo, hipótesis: si disminuye el desempleo también disminuye la pobreza.

"No sé diferenciar las variables en la hipótesis, ¿me ayudan?"

Hay dos tipos de variables en una hipótesis:

- **Variable independiente:** aquella que se cambia o controla en el proceso de investigación.
- **Variable dependiente:** sobre la cual se observa o miden sus cambios, de acuerdo con las modificaciones en la variable independiente.

Es importante que en la hipótesis se diferencie claramente cuál es la variable independiente y cuál es la dependiente.

"¿Qué tipos de hipótesis existen?"

Cuando se realizan pruebas de hipótesis estadísticas es preciso hacer una diferenciación de las hipótesis. Según Hernández et al. (2014) los tipos se hipótesis son los siguientes:

- Hipótesis de investigación (Hi): "Proposiciones tentativas sobre la o las posibles relaciones entre dos o más variables" (p. 107).

- Hipótesis nula (Ho): "Proposiciones que niegan o refutan la relación entre variables" (p. 114).

- Hipótesis alternativas (Ha): "Son posibilidades diferentes o "alternas" ante las hipótesis de investigación y nula" (p. 114).

Ejemplo:

Tema: investigación sobre los determinantes de la pobreza en México.

- Hipótesis de investigación Hi: la principal causa de la pobreza en México es el desempleo.

- Hipótesis nula Ho: la pobreza no está determinada por el desempleo.

- Hipótesis alternativa Ha: la principal causa de la pobreza en México es la falta de educación.

La hipótesis puedes obtenerla fácilmente a partir de tu pregunta de investigación, solo debes tomar el interrogante y darle respuesta en forma de enunciado donde afirmes la existencia de una relación entre las variables que son relevantes para tu estudio.

Por ejemplo, si tu pregunta de investigación es ¿cuáles son los determinantes de la pobreza en México entre la población de 30 a 50 años?, tu hipótesis podría ser:

- o El aumento en el nivel de empleo en México para la población de 30 a 50 años dará como resultado una disminución de la pobreza en ese grupo etario del país.

O bien, si tu pregunta de investigación es ¿cuáles son los efectos del uso de pantallas en niños menores de 2 años?, tu hipótesis puede ser:

- o Existe una correlación negativa entre el tiempo de exposición a las pantallas y el nivel de atención en niños menores de 2 años.

En tu hipótesis evita usar términos como <u>puede</u> o <u>probablemente</u>. Por ejemplo:

- × El consumo de bebidas azucaradas <u>puede</u> causar obesidad.
- × Hacer ejercicio 30 minutos al día <u>probablemente</u> mejore la condición física de las personas mayores de 50 años.

El uso de este tipo de términos le resta rigor a tu hipótesis, recuerda que el objetivo de esta es presentar un enunciado que afirme una relación entre las variables que luego podrá ser comprobada en la investigación. Así pues, la formulación correcta sería:

- ✓ El aumento del consumo de bebidas azucaradas produce un incremento en los casos de obesidad en Lima.
- ✓ Si las personas mayores de 50 años hacen ejercicio 30 minutos al día se produce una mejoría en su condición física.

Después de plantear tu hipótesis puedes formularte las siguientes preguntas, a manera de *checklist*, para verificar que lo has hecho correctamente:

1. ¿El lenguaje es claro y enfocado?

2. ¿La hipótesis introduce el tema de investigación?

3. ¿La hipótesis incluye tanto una variable independiente como una dependiente? ¿Son fáciles de identificar?

4. ¿Se puede probar la hipótesis mediante la metodología propuesta?

5. ¿La hipótesis explica lo que espera que suceda durante la investigación? (Enago Academy, s.f., párr. 17)

Justificación

La justificación debe dar respuesta al porqué de tu investigación, por lo tanto, en este apartado debes mencionar su razón de ser.

Recuerda que la justificación no es otra cosa que la explicación de cómo contribuye tu trabajo de grado a la solución del problema planteado, o bien, a la generación de conocimientos relacionados con tu área de estudio. Todo depende del objetivo trazado. Asimismo, esta debe demostrar qué tan factible es la realización de tu trabajo de grado.

Algunas de las preguntas que debe responder este apartado de tu tesis son la siguientes:

- ¿Por qué es necesario realizar este estudio?

- ¿Qué beneficios se obtienen al realizarlo?

- ¿Quiénes se beneficiarán?

💬 **"Mi profesor dice que la Justificación está incompleta, pues solo dije por qué era importante para mí"**

Hay razón en lo que dice tu profesor. Para que tu justificación esté completa en ella debes mencionar y describir estos cuatro puntos:

1. Menciona la importancia social de tu investigación: aquí debes aclarar cómo beneficia tu investigación a la sociedad, al país o a un grupo poblacional específico; es decir, de qué manera les aporta. Este punto puedes plantearlo en forma de plazos (corto, mediano y largo).

2. Menciona la importancia académica de tu investigación: debes decir cómo beneficia tu trabajo investigativo al ámbito académico, la universidad y los centros de pensamiento. En otras palabras, deberás enunciar cómo tu estudio contribuye con los debates profesorales y universitarios.

3. Menciona la importancia científica de tu investigación: esto es, de qué manera tu estudio beneficia a la comunidad científica y qué elementos aporta a las investigaciones futuras.

4. Describe en qué se diferencia tu investigación de las que se han elaborado anteriormente sobre el mismo tema.

Ejemplo de justificación

La investigación es pertinente en el sentido de que establece un complemento a las rendiciones de cuentas que cada año hace la Administración pública a los cartageneros. Concretamente las personas a quienes les interesa este trabajo son los individuos que de una u otra manera tienen alguna relación con las actividades deportivas —ya sea porque son deportistas, instructores o personal de apoyo—, y se ven beneficiados en alguna medida con las actividades que el distrito realiza en ese sector. En el ámbito cultural los artistas, los promotores y los gestores son los principales favorecidos con la realización de estudios de esta clase, dado que les permiten determinar cuál es la eficiencia de los recursos que el distrito dirige hacia tales actividades. Y en el área de recreación, los habitantes de esta ciudad a quienes estaría dirigido este trabajo serían aquellos que participan en jornadas de esparcimiento físico.

Sumado a lo anterior, esta investigación va dirigida a la administración distrital de Cartagena de Indias, específicamente al Instituto de Patrimonio y Cultura de Cartagena (IPCC), dado que aborda un tema de notable importancia como es la asignación óptima de los recursos expuestos en sus Planes Anuales de Inversión (PAI) y los resultados que los planes indicativos exigen ejecutarse. Además del IPCC, al Instituto Distrital de Recreación y Deportes (IDRD) le sirve este trabajo para reconocer cuáles son los aspectos de eficiencia operacional y administración de recursos públicos, siendo esto muy importante en un ente que goza de reconocimiento en el distrito de Cartagena. [15]

Adicionalmente, trabajos como este permiten poner en práctica los conceptos, las teorías y las técnicas que fueron aprendidas a lo largo de la carrera, las cuales han sido aplicadas en esta investigación en lo referente al desarrollo económico regional y las finanzas públicas.

La utilidad de esta investigación para la Academia es mostrar una metodología de análisis de la gestión pública, a través del estudio y la comparación de los resultados de los programas referentes a la recreación, el deporte y la cultura en el periodo del 2001 al 2011.[16]

Este trabajo es pertinente para otros investigadores que quieran abordar el tema de la asignación óptima de los recursos públicos, y los resultados que arroje dicha gestión servirán de punto de partida y como referente investigativo si se desea incursionar en otra clase de sectores de alta incidencia social como son los sectores de la salud, la educación o de saneamiento básico[17].

Anteriormente se han realizado estudios que buscaban identificar algunas fallas en cuanto a la asignación de la inversión del distrito en actividades deportivas y culturales; sin embargo, la presente investigación no solo pretende analizar estos aspectos, sino también ofrecer alternativas de solución desde el punto de vista del sector privado, es decir, cómo los proveedores privados podrían desempeñar este trabajo de una mejor manera.[18]

---

[15] Importancia social.

[16] Importancia académica.

[17] Importancia científica.

[18] ¿Qué diferencia tu investigación de las demás?

#QuedateEnCasa 5:33 a. m. 34 %
Comentarios
Comentarios destacados
huertobarretto ¡Me encanta! que forma creativa de compartir info
2sem 2 Me gusta Responder
uvrcorrectores @huertobarretto gracias.
2sem Responder
roman_17412 Excelente. estoy en proceso de un Review.
2sem Responder
uvrcorrectores @roman_17412 mil gracias.
2sem Responder
lvir05 Excelentes recomendaciones
2sem 1 Me gusta Responder
uvrcorrectores Mil gracias.
2sem Responder
Agrega un comentario como...

Capítulo 2. Marco referencial

Marco teórico

En el marco teórico se condensa la explicación conceptual y referencial de las variables de estudio de tu tesis, con el propósito de respaldar teóricamente la investigación y tomando como base estudios previos realizados por expertos en la materia. Regularmente, es una de las partes más difíciles de desarrollar y en las que se avanza con menor velocidad, pero con los consejos que te daremos a continuación eso ya no será así.

🗩 **"He revisado más de 10 tutoriales y escritos de internet y, aun así, siempre me lo corrigen"**

Posiblemente ello se deba a que has consultado blogs y videos donde teorizan sobre el tema, pero ahora vamos a hablar de algo más práctico:

Primero que todo te recomendamos revisar en los buscadores académicos o en Google Scholar cinco tesis, monografías o tesinas que han abordado las variables de tu estudio —que deben estar contenidas en el título de tu investigación—. No te detengas en ninguna parte de esas investigaciones, ve directamente a sus marcos teóricos y ubica los autores que utilizaron, lo más probable es que estos te sirvan a ti perfectamente para el desarrollo de tu trabajo, de esa forma te resultará más sencillo buscar y obtener información sobre ellos y sus aportes a las variables de tu estudio. En algunos casos será mucho más fácil si puedes tomar los conceptos y las categorías que ya se han usado en esas cinco investigaciones iniciales para ponerlas en tu marco teórico.

En suma, debes escoger una, dos o un máximo de tres teorías que le den sustento a tu investigación, es decir, tomar como referente varios autores clásicos o contemporáneos que han abordado el tema a profundidad y realizado importantes contribuciones al área de estudio. Luego debes escribir qué dijeron estos autores —con su respectiva cita— a manera de síntesis y, finalmente, debes colocar cómo los aportes de estos teóricos contribuyen al planteamiento de tu tesis y qué relación hay entre esa teoría y tu investigación. Veamos un ejemplo:

> Si tu trabajo de investigación trata sobre los impactos del Tratado de Libre Comercio entre México y Estados Unidos, al consultar en Google Académico debes tomar cinco documentos que hablan del tema y consultar sus referentes teóricos, encontrarás que una teoría que podrías seleccionar es la llamada Teoría de las ventajas comparativas, pues es la que más se ajusta a tu investigación y fue empleada por los autores de esos cinco trabajos. Dos autores destacados en este tema son David Ricardo (economista clásico) y Paul Krugman (economista contemporáneo). Luego debes describir qué dijeron estos autores y cómo sus planteamientos se relacionan con tu tesis.

Estado del arte o antecedentes

Podemos definir el estado del arte como el nivel más avanzado del conocimiento que existe en un área de conocimiento, es decir, lo último que se ha investigado sobre un determinado tema. Por eso lo ideal es que la realización y publicación de los estudios que menciones no superen los 5 años, de lo contrario, estará mal hecho el ejercicio.

💬 **"¿En los antecedentes lo que debo hacer es una lista de investigaciones similares a la mía?"**

Para nada. Lo que debes hacer es seleccionar algunos estudios donde se haya abordado el mismo tema que investigas, pero de otra manera, para ver cómo esos trabajos que anteceden al tuyo le aportan a tu investigación. Cabe resaltar que los documentos consultados no deben haber sido publicados hace más de 5 años.

Lo recomendable es que selecciones mínimo cinco documentos, de los cuales debes describir los siguientes elementos de forma resumida:

- Título
- Autor
- Objetivo general
- Metodología
- Hallazgos
- Conclusiones
- Cómo aporta y en qué se diferencia de tu investigación.

El último es el punto más importante. "Metafóricamente, primero te involucras con la literatura mapeando o trazando el estado actual del conocimiento, y luego trazando un plan sobre cómo renovarás, reformarás o remodelarás este terreno, y finalmente construyes algo que contribuya o mejore lo qué había ahí" (Golding, 2017, p. 48). Lo más importante es que convenzas a tu asesor de que, con tu trabajo, sí contribuirás a este campo de conocimiento.

La construcción del estado del arte no consiste en tomar artículos e investigaciones de manera improvisada y desorganizada. Se recomienda citar los antecedentes en orden cronológico, desde el más antiguo hasta el más reciente según su fecha de publicación.

Otra alternativa para organizar el Estado del arte es seleccionar los antecedentes de acuerdo con el tema. Por ejemplo, si tu tema general es la pobreza, en la parte inicial puedes poner las investigaciones relacionadas con la desigualdad, luego los que guarden relación con la jurisprudencia y la pobreza, y seguidamente los que tienen que ver con aspectos psicológicos de la pobreza. Veamos un ejemplo real:

En ese orden de ideas, Meza (2007) desarrolló un trabajo titulado *La Responsabilidad Social Empresarial como factor de competitividad*. El objetivo general fue presentar la RSE como un factor de competitividad, de tal manera que las empresas no se enfoquen únicamente en el beneficio económico, sino en los aspectos ambientales y sociales como parte de su estrategia competitiva a largo plazo.

Metodológicamente se hizo una recopilación de argumentos relacionados con la teoría de la RSE a lo largo de la historia, sin embargo, se enfatizó en los autores contemporáneos.

Como conclusión se halló que la ejecución de unos correctos programas de RSE puede ayudar a las empresas a potenciar su competitividad, tanto al interior de la organización como en su entorno, mediante la mejora de su reputación, confianza, credibilidad, imagen y fidelidad por parte de sus *stakeholders*. La autora también refirió que otro importante beneficio que obtiene la empresa gracias a su RSE son los beneficios tributarios (Meza, 2007).

El aporte de este documento a la presente investigación se puede apreciar en el hecho de que también coloca en el debate la necesidad de que se vea la RSE como un instrumento de competitividad de las empresas, y no solo como una actividad residual de caridad y filantropía. Además, el trabajo destaca la necesidad de otorgarle la importancia estratégica en la organización que tiene esta actividad en los valores misionales de la empresa.

Marco empírico

El marco empírico siempre debe ir después del marco teórico, es decir, significa pasar de la teoría a la práctica. En esta parte debes hacer el abordaje práctico de tu investigación, acá no hay lugar para teorizar ni verbalizar el problema de investigación.

💬 **"Me tienen confundida, porque unas personas dicen que el marco empírico es una cosa, y otros que es otra cosa"**

Hay tres formas igualmente correctas de hacerlo.

1. Plantear el conjunto de estadísticas, cifras o datos que sustentarán tu investigación.
2. Explicar la metodología que se va a seguir para llevar a cabo la investigación. Esta modalidad suele aplicarse cuando el documento no tiene el acápite llamado Metodología o Diseño Metodológico.
3. Plasmar el Análisis y Discusión de Resultados, siempre y cuando se haya aplicado una encuesta, una entrevista, una observación participante, etc.

Teniendo en cuenta lo anterior, se puede inferir que el desarrollo del marco empírico depende del enfoque del investigador y del tipo de investigación que se haya seleccionado.

Marco conceptual

En el marco conceptual debes definir todas las categorías o términos que utilizarás en tu tesis. Es importante no confundir la estructura de este apartado con la de un glosario, donde se presenta una lista de palabras con una descripción simple, es decir, un minidiccionario.

💬 **"Si no es un glosario, entonces, ¿cómo debe hacerse?"**

Hay dos formas válidas de hacer el marco conceptual, de acuerdo con la estructura que soliciten en su universidad. Una de ellas consiste en definir las categorías más relevantes de tu tesis, según el criterio y los conocimientos del investigador.

Ejemplo:

"Estudiante: el estudiante debe ser esa fuente que potencie y retroalimente los valores del hombre como ser total y totalizante" (Marín, 2007, p. 34).

En el ejemplo anterior se puede observar que no hay una definición plana y convencional del término *estudiante*, como aparecería en un glosario.

Otra forma de hacer el marco conceptual, la cual últimamente se ha vuelto tendencia y resulta más interesante, es interrelacionar todos los conceptos clave de referencia en el texto en forma de párrafos con completa coherencia.

Ejemplo:

Quien realiza dicha acción se conoce como <u>emprendedor</u>, que se caracteriza por ser una persona con capacidad de <u>innovar</u>, lo que se entiende como la capacidad de generar bienes y servicios de una forma creativa, metódica, ética y sostenible.

En este ejemplo se evidencia que no es necesario definir separadamente los términos clave para tener un buen marco conceptual, sino que es posible integrarlos con sus respectivas definiciones en un texto coherente y con sentido.

Marco legal

En tu marco legal debes colocar efectivamente el conjunto de leyes, normas y reglamentos que le dan fundamento a tu investigación. Al igual que en el apartado anterior, no se trata de hacer una lista simple, sino que es necesario ir al contenido de las leyes y seleccionar aquellos artículos o acápites que guarden la más estrecha relación con el tema de investigación para referenciar solo esa parte en el marco legal.

$\wp$ **"Escribí una lista de leyes sobre el tema de mi investigación y me la rechazaron"**

No es para menos. Una manera como puedes organizar tu marco teórico es dividirlo en dos partes: legislación internacional y legislación nacional. Simultáneamente, deberás hacer otra subdivisión donde clasifiques las normas de acuerdo con sus características, es decir, abrir subtítulos así:

- Leyes
- Decretos
- Resoluciones
- Acuerdos
- Directivas
- Sentencias
- Circulares

Veamos un ejemplo:

Legislación internacional

La Declaración Universal de Derechos Humanos
Artículo 7.
"Todos son iguales ante la ley y tienen, sin distinción, derecho a igual protección de la ley. Todos tienen derecho a igual protección contra toda discriminación que infrinja esta Declaración y contra toda provocación a tal discriminación".

Legislación nacional

Ley N° 28.044. Ley General de Educación
Artículo 9°.- Fines de la educación peruana
Son fines de la educación peruana:
a) Formar personas capaces de lograr su realización ética, intelectual, artística, cultural, afectiva, física, espiritual y religiosa, promoviendo la formación y consolidación de su identidad y autoestima y su integración adecuada y crítica a la sociedad para el ejercicio de su ciudadanía en armonía con su entorno, así como el desarrollo de sus capacidades y habilidades para vincular su vida con el mundo del trabajo y para afrontar los incesantes cambios en la sociedad y el conocimiento.
b) Contribuir a formar una sociedad democrática, solidaria, justa, inclusiva, próspera, tolerante y forjadora de una cultura de paz que afirme la identidad nacional sustentada en la diversidad cultural, étnica y lingüística, supere la pobreza e impulse el desarrollo sostenible del país y fomente la integración latinoamericana teniendo en cuenta los retos de un mundo globalizado.

Capítulo 3. Metodología

Cómo desarrollar cualquier tipo de actividad es uno de los cuestionamientos más relevantes a la hora de iniciar con algún nuevo proceso debido, principalmente, a que de esta depende la forma como se llevarán a cabo las diversas tareas, así como los recursos que se necesitarán para ello y los pasos que se van a seguir en el proyecto.

La tesis no es la excepción, y una de las etapas más importantes en su desarrollo es la definición de la Metodología o del Marco Metodológico. En algunas ocasiones desarrollar este paso ha resultado una tarea sencilla para los tesistas, pero en la mayoría de los casos puede ser una de las partes de la investigación en la que se presenta mayor dificultad para construirla, dado que no se conoce correctamente cuál es su papel dentro de la tesis. Antes de iniciar, lo más importante que debes tener en cuenta es que no es recomendable comenzar con la construcción de la metodología sin despejar previamente todas las dudas que tengas al respecto.

💬 **"Quisiera saber ¿por qué es importante la metodología en mi tesis?"**

La metodología se constituye como el conjunto de pautas que deben seguirse para llevar a cabo una investigación en cualquier campo de estudio. Su relevancia radica en que a través de ella se traza la hoja de ruta que el investigador va a seguir para lograr el cumplimiento de los objetivos propuestos, así como para darle solución al problema encontrado o probar las hipótesis trazadas al inicio. Esta hoja de ruta también logra definirle al lector la forma como se desarrolló el estudio para que lo entienda a cabalidad.

💬 "No tengo claro qué debe contener la Metodología de mi tesis"

La Metodología es un apartado que varía de acuerdo con el tema, los objetivos, la hipótesis o el problema planteado; sin embargo, por lo general su estructura es similar en todos los casos, indistintamente del campo de estudio. Ahora bien, no existe una regla general que indique qué debe contener este capítulo, pero basado en los conocimientos aprendidos a lo largo de nuestra experiencia profesional y teniendo en cuenta los postulados de investigadores como Bernal (2010), Hernández et al. (2014) y Cerda (2000), es posible afirmar que las partes principales que debe contener una metodología de investigación son las siguientes:

- Tipo de investigación.
- Enfoque de investigación.
- Fuentes de información.
- Población y muestra.
- Técnicas de recolección y análisis de información e instrumentos.
- Procedimiento o fases de investigación.

A continuación, te mostramos, de forma práctica, cómo construir cada una de las partes mencionadas. Lo primero que debes tener claro es el concepto de enfoque de investigación, puesto que de este dependerán todos los demás apartados.

Enfoques de investigación

El proceso de investigación académica puede tener dos enfoques: el cualitativo y el cuantitativo.

Enfoque cuantitativo

Bajo este enfoque el investigador se basa en información o datos numéricos, los cuales recolecta por medio de técnicas estandarizadas y analiza mediante el empleo de herramientas o programas estadísticos, tanto en los procesos más sencillos como en un gráfico hasta en los más complejos como un modelo econométrico. Con el uso de este enfoque se logra probar la hipótesis o darle solución al problema de investigación planteado.

La investigación cuantitativa hace posible la obtención de resultados sobre un tema que pueden generalizarse en una población, porque, por ejemplo, si se realizan encuestas, estas se hacen a un grupo poblacional mayor. Además, con este tipo de estudio es posible encontrar relaciones entre variables para comparar resultados o conocer relaciones de causa-efecto.

Los datos que se requieren en la investigación cuantitativa pueden obtenerse mediante encuestas, observaciones que lleven a datos cuantificables —como cuánto tardan las personas cruzando la calle—, o datos secundarios que se obtienen en bases de datos estadísticas.

Enfoque cualitativo

Bajo este enfoque el investigador utiliza como base información no numérica, la cual extrae de procesos de recolección no estandarizados, por lo que la medición de esta información no es numérica y tampoco se utiliza la estadística para su análisis. Generalmente, mediante el uso de este enfoque, se busca dar respuesta a preguntas de investigación previamente establecidas, mas no se prueban las hipótesis

Los datos en la investigación cualitativa, por lo general, se obtienen a través de entrevistas, preguntas abiertas, observaciones que dan cuenta de comportamientos o reacciones de los individuos ante alguna situación, grupos focales, revisiones de literatura, entre otros. Usualmente el número de participantes de estudios con este enfoque es pequeño, debido a que se necesitan muchos recursos y tiempo para desarrollar la investigación. Y es precisamente por el número reducido de participantes que los resultados de una investigación cualitativa no se pueden generalizar a toda la población, sin embargo, sirven como abrebocas para realizar estudios más profundos.

Esta metodología le permite al investigador acercarse mucho más a los participantes y conocer los motivos, las experiencias y las expectativas de estos, lo cual no podría hallar en un estudio con preguntas cerradas. En la mayoría de los casos en este tipo de investigación colabora un pequeño número de participantes, porque para llevar a cabo tal esfuerzo de investigación se requieren muchos recursos y tiempo.

💬 "¿Cuándo usar el enfoque cualitativo o el cuantitativo?"

Si con tu tesis buscas confirmar o comprobar alguna hipótesis o teoría, o bien, buscas encontrar relaciones entre variables desde el punto de vista estadístico, o comparar dos temáticas empleando cifras y datos obtenidos de fuentes secundarias, o hacer un análisis de una temática cuya información obtendrás mediante la aplicación de encuestas, debes usar el enfoque de investigación cuantitativa.

Por otro lado, si lo que buscas es comprender los conceptos y las experiencias de un grupo poblacional en específico, o bien, quieres recopilar anécdotas de personas que han vivido una situación particular o recolectar documentos que te permitan analizar cómo ha evolucionado tu tema de investigación a lo largo de los años, debes utilizar el enfoque cualitativo.

Enfoque mixto

También puedes utilizar un enfoque mixto para desarrollar tu investigación, el cual consiste en combinar los enfoques cualitativo y cuantitativo. A continuación, te presentamos un ejemplo de un mismo tema abordado desde los tres enfoques.

Supongamos que la pregunta de tu investigación es: ¿qué tan de acuerdo están los habitantes de la comunidad de Chía, Cundinamarca (Colombia), con el uso del tapabocas en pacientes sanos?

¿Cómo responder esta pregunta bajo un enfoque cuantitativo?

Para ello debes calcular el tamaño óptimo de la muestra según la población, en caso de que sea alrededor de 250, y aplicar la encuesta ya sea por medios virtuales o físicos. La encuesta puede incluir preguntas cuya opción de respuesta sea con escalas numéricas (del 1 al 5) o con escalas de texto (por ejemplo: totalmente en desacuerdo a totalmente de acuerdo). Al finalizar podrás pasar esa información a una tabla de Excel o a un software estadístico y sacar conclusiones que incluyan porcentajes como, por ejemplo, que el 60 % de los habitantes está de acuerdo con que el uso del tapabocas previene el COVID-19; además de determinar relaciones entre variables como, por ejemplo, que la población de más de 50 años considera más importante el uso del tapabocas (75 %) que la población con edades entre los 20 y 35 años (35 %).

¿Cómo responder bajo un enfoque cualitativo?

Puedes abordar este problema de investigación a través de entrevistas, ya sean estructuradas, semiestructuradas o no estructuradas, a una muestra de 10 o 20 habitantes de Chía. En estos encuentros individuales obtendrás información más detallada sobre por qué los participantes consideran importante el uso del tapabocas y, quizá, alguna anécdota; además de indagar más en su opinión, su experiencia y sus propuestas acerca del tema. Al finalizar debes transcribir esas entrevistas y analizarlas mediante la comparación, en esta fase es posible que encuentres factores comunes que te permitan llegar a conclusiones sobre ese grupo y, además, obtendrás información valiosa que puede servir de base para realizar a futuro investigaciones más avanzadas en el tema.

> **Y ¿si combinamos los dos enfoques?**
>
> Al optar por combinar ambos enfoques puedes usar las dos técnicas de recolección de información. Primero puedes realizar entrevistas con un pequeño grupo de las cuales obtendrás los factores o puntos clave para analizarlos de forma más generalizada a través de una encuesta, pues es posible que en las entrevistas encuentres, por ejemplo, historias reales de personas que se han contagiado a pesar de usar el tapabocas, entonces en la encuesta puedes preguntar si conocen algún caso similar. De ese modo podrás generalizar el resultado y decir que la mayoría de los habitantes de Chía no creen que el tapabocas los proteja porque 7 de cada 10 conocen a alguien que se ha contagiado a pesar de usarlo. Así tu investigación será mucho más completa y no solo tendrás porcentajes, sino también explicaciones y motivos.

Por la información que hemos expuesto aquí, vemos que el enfoque está relacionado con el tipo de información que se recolecta para desarrollar la investigación, la cual puede ser información cuantitativa (datos numéricos, cifras) o cualitativa (datos no numéricos, texto). Asimismo, en el enfoque tiene que ver el método a través del cual se analiza esta información: en la investigación cuantitativa se deben utilizar técnicas matemáticas o estadísticas dadas las características de los datos; mientras que en la investigación cualitativa el análisis se realiza mediante el uso de otro tipo de técnicas como la codificación, la categorización, entre otras.

Tipo de investigación

💬 **"Mi profesor me dice que no debo confundir el tipo de investigación con el enfoque, ¿cuál es la diferencia entre estos?"**

Este interrogante es muy común entre los tesistas. Al aclarar los tipos de enfoque que se pueden utilizar en la investigación, lo que se debe saber para diferenciarlo del tipo de investigación es que este último corresponde a las etapas que se seguirán para encontrar la mejor solución al problema planteado, a fin de verificar las hipótesis trazadas o darles cumplimiento a los objetivos.

💬 **"¿Cómo puedo seleccionar el tema de investigación?"**

Para seleccionar el tipo correcto de investigación debes tener claridad sobre el tema, el enfoque y el alcance investigativo que tendrá tu estudio, es decir, hasta dónde quieres llegar con él; pues el tipo de investigación dependerá del objetivo, el problema y las hipótesis establecidas. A continuación, mencionamos los tipos más usuales:

Investigación cuantitativa

- **Descriptiva:** representa el tipo de estudio más utilizado por los estudiantes de pregrado, debido a su sencillez y a la diversidad de estudios que se acogen dentro de este tipo de investigación. En el desarrollo de una investigación descriptiva el papel del investigador es describir o reseñar las características o rasgos del objeto o sujeto de estudio. Este tipo de investigación se basa en técnicas de recolección de información que pueden ser aplicadas –como la encuesta o la entrevista– o teóricas –como la revisión documental–. Aquí el objetivo no es explicar las causas del fenómeno o encontrar relaciones entre las variables, sino describir. De este tipo de investigación hacen parte aquellos trabajos por medio de los cuales se busca diseñar guías o algún prototipo.

- **Exploratoria:** estas investigaciones están relacionadas con temas de estudio que han sido poco trabajados con anterioridad, por eso se caracterizan por no formular hipótesis precisas, porque de ellas se obtienen resultados aproximados y por el hecho de que en el proceso se cuenta con poca información sobre el objeto o el sujeto de estudio. Dentro de este tipo de investigación se incluyen los estudios sobre nuevos sucesos o fenómenos.

- **Histórica:** en las investigaciones de este tipo se busca estudiar fenómenos ocurridos en el pasado y relacionarlos con el presente, e incluso con el futuro. Las fuentes de las cuales se obtiene la información son, por lo general, documentos de carácter histórico y personas que tuvieron alguna relación con el objeto o el sujeto de estudio.

- **Explicativa:** como su nombre lo indica, el objetivo de este tipo de investigación es buscar y encontrar las causas o los factores que determinan la ocurrencia de un fenómeno, pues a través de estas se prueban las hipótesis trazadas en el inicio del estudio.

- **Correlacional:** este tipo de investigación se basa en establecer y encontrar relaciones entre diferentes variables, sin incluir la búsqueda de las causas de la ocurrencia de dichas relaciones. Los estudios correlacionales se apoyan en diferentes herramientas estadísticas para determinar la relación que existe entre las variables estudiadas.

- **Experimental:** en la investigación experimental el investigador actúa de forma consciente para afectar de alguna manera al objeto o al sujeto de estudio, y medir el impacto de dicha afectación.

  El objetivo principal de estos estudios es intervenir para probar las hipótesis. Aquí el investigador ya no es solo un observador que se encuentra al margen de la población estudiada.

Cuando se hace un estudio para conocer las actitudes de cierto grupo poblacional, mediante escalas de Likert u otro método, estamos frente a una investigación cuantitativa no cualitativa.

Un ejemplo de un estudio con este enfoque investigativo es aquel en el que se les pregunta a los estudiantes universitarios su nivel de satisfacción con el servicio de aseo de los baños, donde 1 es totalmente insatisfecho y 5 es totalmente satisfecho. Esta investigación puede realizarse bajo un tipo descriptivo o también se puede hacer de tipo correlacional; un ejemplo de este último sería si se afirma que entre más avanzado es el semestre que cursan los estudiantes, menor es el nivel de satisfacción, lo que quiere decir que estas dos variables se correlacionan de forma inversa.

Investigación cualitativa

- **Estudios de caso:** las investigaciones que son estudios de caso se enfocan en estudiar una parte específica de la población en determinada situación, y por eso se le denomina caso. Cabe mencionar que el caso estudiado puede ser una persona, una empresa, etc.; es decir, son investigaciones enfocadas hacia una unidad de análisis en particular.

- **Documental:** consiste en elaborar un análisis de diferentes tipos de textos escritos que se relacionan con un tema que puede ser netamente teórico o con aproximación a lo práctico. Lo que se proponen los investigadores al desarrollar este tipo de estudios es contrastar las posturas de diversos autores sobre un determinado tema, a través de diferentes técnicas de recolección y análisis de información cualitativa (ver páginas 47-48).

- **Teoría fundamentada:** este tipo de investigación se basa en los datos y las experiencias existentes sobre un tema, a partir de los cuales se elaboran modificaciones en las teorías y conceptos existentes. Así, el estudio aporta una explicación conceptual sobre el tema y una visión sobre cómo se transforman con el paso del tiempo las experiencias e interacciones que existen entre los sujetos, los conceptos y las teorías abordadas en la investigación.

- **Etnográficos:** el objetivo en este tipo de investigación es comprender las concepciones culturales y los sistemas sociales a partir del punto de vista de los sujetos (sociedades, comunidades o grupos sociales que se estudian en la investigación). Al utilizar este método el investigador debe adentrarse en el contexto social o cultural de los grupos para poder describir y analizar los aspectos que estudia de estos. Los temas relacionados con los grupos pueden ser simbólicos, sociales, educativos, históricos, lingüísticos, políticos, comportamentales, normativos, entre otros. Esto se pueden abordar desde diferentes enfoques: sobre situaciones que acontecen actualmente, para proponer posibles soluciones a la problemática, acerca de cuestiones ideológicas, para analizar todo el sistema sociocultural o un aspecto concreto de la cultura, o bien, para hallar patrones.

- **Narrativa:** entrelaza en el relato varias historias de sujetos que vivieron un mismo hecho, situación o proceso, con el objetivo de proporcionar una visión más amplia sobre estos, teniendo en cuenta los sentimientos y las experiencias vividas por los participantes del estudio. En este tipo de investigación resultan muy útiles las entrevistas a profundidad y la revisión documental para recopilar las distintas narraciones, comprender cómo se relacionan las historias y las perspectivas de estas personas en torno al fenómeno o situación que se estudia para hacer el relato general. Además, pueden establecerse comparaciones y asociaciones entre historias y percepciones que son contradictorias.

- **Fenomenológica:** estas investigaciones se basan en las descripciones que hacen las personas sobre la experiencia que vivieron en torno a una situación o evento, a fin de plasmar en la investigación el hecho o fenómeno lo más cercano posible a la realidad, esto es, cómo lo percibe y experimenta cada persona. Consiste en extraer los aspectos comunes o característicos de las experiencias descritas por los participantes de las entrevistas o de los documentos consultados, para descubrir y comprender el significado del hecho o la situación. La perspectiva que se da del fenómeno, evento, hecho o situación es colectiva.

- **Investigación-acción:** la indagación en este tipo de estudios consiste en comprender una situación o problemática que afecta a una colectividad (comunidad, sociedad, empresa, asociación, grupo social, etc.), con el objetivo de proponer cambios en los procesos, los proyectos o las actividades que esta lleve a cabo en su contexto. Aquí el rol del investigador es observar y conocer la problemática para, con base en ello, asumir ante el objeto de estudio (la colectividad) una participación de forma activa, al intervenir y modificar su realidad. Por tanto, en estas investigaciones, además de la producción de conocimiento, tienen lugar otras acciones como la planificación, el diseño, la implementación, la evaluación, entre otros, según la naturaleza de los cambios que se quieren aplicar y el ambiente (educativo, social, empresarial, gremial, etc.) del sujeto.

La idea es que selecciones entre los tipos de investigación cuál se ajusta más a lo que tienes en mente. Luego debes redactar en tu tesis simplemente algo similar a lo siguiente:

> La presente investigación es de tipo descriptiva, en la medida en que busca describir las ventajas y desventajas del teletrabajo, a través de la revisión de datos y cifras en fuentes secundarias, así como mediante la aplicación de una encuesta por medio de Google Docs, con personas que actualmente son teletrabajadores en la ciudad de Cuernavaca.

El siguiente código QR te dirigirá hacia un álbum donde te mostramos algunos ejemplos de temas de tesis de acuerdo con los diferentes tipos de investigación, para complementar lo que hemos mencionado en este apartado.

Tipos de investigación adicionales

Investigación transversal: son estudios en los cuales se captura la información del objeto de estudio en una sola ocasión. De acuerdo con Briones (1985), como se citó en Bernal (2010), son "fotografías instantáneas" del fenómeno que es objeto de estudio. Un ejemplo de esto son las encuestas en un solo momento del tiempo.

Investigación longitudinal: son estudios en los cuales se obtiene información del objeto de estudio en diversas ocasiones, durante un tiempo establecido. A través de estos se busca analizar las variaciones que sufre dicho objeto de estudio con el paso del tiempo. Un ejemplo de estos estudios son los análisis de series de tiempo de variables.

💬 **"Yo conozco los tipos de investigación, pero no logro encontrar la forma de definir cuál es el tipo de investigación de mi tesis, ¿me pueden ayudar?"**

La forma correcta y la práctica de definir el tipo de investigación en tu tesis debe partir del objetivo planteado al iniciar el estudio.

El objetivo está compuesto por dos partes: i) la acción que se va a realizar, la cual está conformada a su vez por el verbo y la variable o sujeto sobre la que esta recae; y ii) la delimitación del tema que incluye el objeto o sujeto de estudio y la delimitación geográfica y/o temporal.

Acción	**Delimitación**
Analizar el grado de competitividad	del sector de la construcción en Perú en el periodo 2015-2020

El tipo de investigación dependerá de estos dos elementos, puesto que la acción define el alcance de la investigación, es decir, hasta dónde queremos llegar con ella: si solo será una descripción de fenómenos o, más bien, haremos un experimento; y, además, si el estudio se hace en una ciudad o, más bien, en una pequeña comunidad.

Para tener más claridad sobre lo expuesto, a continuación, presentamos algunos ejemplos donde comparamos el mismo tema, pero con alcances diferentes:

1.

Diseñar un sistema de agua potable para una comunidad rural en el estado de Puebla.
Investigación descriptiva

Evaluar el impacto de un nuevo sistema de agua potable para una comunidad rural en el estado de Puebla.
Investigación correlacional

2.

Analizar el crecimiento del sector empresarial en México.
Investigación descriptiva

Analizar el crecimiento empresarial de una compañía petrolera en ciudad de México.
Estudio de caso

Explicar las causas del crecimiento del sector empresarial en México.
Investigación explicativa

3.

Medir la efectividad de un tratamiento psicológico con sondeo antes y después de su implementación.
Investigación experimental

Comparar diferentes estudios acerca de la efectividad de un tratamiento psicológico.
Investigación documental

Encontrar los orígenes de un tratamiento psicológico.
Investigación histórica

Fuentes de información

Las fuentes de investigación corresponden a los diferentes tipos de recursos de los cuales se puede obtener la información relevante para el estudio. Estas pueden ser: primarias y secundarias.

Fuentes primarias: están compuestas por información no elaborada, es decir, es una información que tú como investigador(a) vas a capturar directamente del objeto o sujeto de estudio. Ejemplo de estas fuentes son: encuestas o entrevistas directamente con el sujeto de estudio, y la observación directa del objeto de estudio.

Fuentes secundarias: están compuestas por información ya elaborada, es decir, toda la información que encuentras en los documentos elaborados sobre el tema, ya sean digitales o físicos, obtenidos en portales web, etc. La información obtenida de fuentes secundarias no se captura directamente del objeto o sujeto de estudio, sino que se toma aquella que ya fue capturada, elaborada e incluso analizada en estudios anteriores. Se encuentra en bases de datos, revistas científicas, libros, portales estadísticos, entre otros.

Población y muestra del estudio

Población: está representada por todos aquellos sujetos que son susceptibles de ser investigados en tu estudio.

Muestra: representa esa porción de la población que tomarás como referente en tu estudio para ser analizada.

🗩 "¿Cómo obtengo el tamaño de la muestra?"

El tamaño de la muestra se puede obtener de diversas formas, mediante *métodos probabilísticos* o *no probabilísticos*.

Muestreo probabilístico: es necesario que tengas claro si conoces el tamaño total de la población, además, debes definir el margen de error aceptable para los resultados de tu investigación. Existen fórmulas estadísticas para el cálculo de la muestra dependiendo si la población es finita o infinita, las cuales se encuentran de forma muy sencilla en internet. En el Apéndice 4 encontrarás un ejemplo de cálculo de muestra.

Asimismo, teniendo en cuenta que la idea no es que te conviertas en un experto en tamaños muestrales, sino sacar adelante tu investigación y obtener los resultados deseados, te recomendamos una página que te será muy útil para calcular el tamaño de la muestra en tu estudio. Con el siguiente código QR podrás llegar a la página web sugerida.

Muestreo no probabilístico: este proceso es más sencillo, pero solo puedes utilizarlos en condiciones especiales que tienen que ver, por ejemplo, con la cercanía o las posibilidades de accesibilidad al objeto de estudio y también con los recursos disponibles para la investigación. Principalmente se emplean cuando los investigadores no tienen acceso al número total de individuos que componen una población.

Si optas por este tipo de muestreo debes tener en cuenta que con una muestra no probabilística no tendrás casos representativos del total de la población, porque este se utiliza cuando no se busca generalizar los resultados. "En las muestras de este tipo, la elección de los casos no depende de que todos tengan la misma probabilidad de ser elegidos, sino de la decisión de un investigador o grupo de personas que recolectan los datos" (Hernández et al., 2014, p. 190)

⬭ "¿Dónde se usa el muestreo no probabilístico?"

Este segundo tipo de muestreo se utiliza principalmente cuando se emplea el enfoque cualitativo, donde no interesa tanto la posibilidad de generalizar los resultados, pues este tipo de muestras le permiten al investigador obtener respuestas de personas, lugares o situaciones que sean de interés real para el estudio. Esto quiere decir que el investigador tiene la posibilidad de escoger los individuos, lugares o situaciones que considere más relevantes para los resultados de su estudio.

💬 **"¿Cuándo escoger un muestreo probabilístico o no probabilístico?"**

Veamos los siguientes casos para responder tu pregunta:

1. Si no tienes un listado de la población completa puedes optar por un muestreo no probabilístico.

2. Si buscas resultados representativos de la población, con el fin de dar unas conclusiones generalizadas sobre el tema, debes optar por el muestro probabilístico.

3. Si tu estudio es cualitativo, lo recomendable es emplear el muestreo no probabilístico.

4. Si el estudio es cuantitativo y buscas establecer relaciones entre variables que te permitan obtener conclusiones generalizables a la población y sirvan para tomar decisiones, lo correcto es usar muestreo probabilístico.

5. Si realizas una investigación de pregrado y tu objetivo es obtener resultados de la investigación para llegar a conclusiones que no impliquen una contribución a la toma de decisiones, puedes optar por un muestro no probabilístico.

Algunos tipos de muestreo no probabilístico, según Hernández et al. (2014), son los siguientes.

1. Muestras de participantes voluntarios: los individuos deciden si participan o no.

2. Muestras de expertos: cuando sea necesario el punto de vista de un experto en una materia para contribuir a las hipótesis de tu investigación.

3. Muestras de casos tipo: se seleccionan grupos específicos, por ejemplo, un grupo de jóvenes con edades entre los 18 y 20 años que utilizan Instagram y otro que usa Twitter, para entender los valores de esos grupos sociales e identificarlos y diferenciarlos.

4. Muestras homogéneas: se seleccionan grupos que comparten algún rasgo. Para ello se crea un perfil: trabajadores informales, cabeza de hogar, que lleven más de 5 años en labores de este tipo, entre otras.

5. Muestras por oportunidad: se realizan de manera fortuita cuando se presenta la oportunidad y se aprovecha para hacerla; por ejemplo, si viajamos un día a la playa y encontramos a dos cantantes de reguetón el estudio puede tratarse de la vida de ellos.

6. Muestras por conveniencia: se selecciona a aquellos individuos a los que se tiene acceso. Por ejemplo: si no se pudo conseguir el permiso para entrar al Congreso y entrevistar a los senadores, entonces se entrevista a sus asistentes; o si el tema que se investiga es el acoso laboral y se tiene acceso a la empresa donde trabaja un familiar. Este último tipo de muestreo se utiliza en muchos estudios de pregrado, donde se cuenta con recursos limitados, tanto de tiempo como económicos, para investigar.

Si deseas ampliar tu conocimiento en este tema te recomendamos dirigirte al libro de Bernal (2010).

> **Tip UVR:** si la población es 50 o menor, el tamaño de la muestra es igual al de la población.

💬 **"Mi investigación no es aplicada, ¿también aplica este componente?"**

No. Solo en las investigaciones aplicadas o de campo se desarrolla este apartado en el capítulo de Metodología, dado que tiene que ver directamente con una aproximación al objeto o al sujeto de estudio a través de diversas técnicas e instrumentos.

Procedimiento

💬 **"¿Qué otro punto debo incluir en la Metodología?"**

El procedimiento es una parte importante de la metodología porque allí se definen uno por uno los pasos que se seguirán para desarrollar la investigación, de ahí la necesidad de incluirlo. Cabe mencionar que estos pasos van de la mano con los objetivos trazados, dado que del cumplimiento de cada objetivo depende de las acciones que se sigan para lograrlo.

Técnicas e instrumentos de recolección de información

Estos dos elementos suelen confundirse mucho, es común ver una tesis que diga: la técnica de recolección de información utilizada fue el cuestionario, lo cual es un error.

💬 **"Estoy realizando una investigación aplicada. ¿Cómo defino la técnica y los instrumentos de recolección de información?"**

Las técnicas de recolección de información corresponden a la forma como se obtiene la información pertinente para el estudio. Los instrumentos de recolección de la información son las herramientas que utiliza el investigador para capturar la información (ver Apéndice 1). Así pues, por ejemplo:

1. Si quieres analizar el conjunto de factores que pueden disminuir la pobreza en Colombia puedes utilizar como técnica de recolección de información la revisión documental, y como instrumento la ficha de revisión y el análisis documental.

2. Si buscas analizar los factores que disminuirían la pobreza, tomando como objeto de estudio un barrio de la ciudad de Bogotá (Colombia), la técnica de recolección que puedes utilizar es la aplicación de cuestionarios y como instrumento la encuesta.

💬 **"¿Cómo se plantea la técnica de análisis de información?"**

La técnica de análisis de información es otro elemento importante y tiene que ver con los métodos a través de los cuales se analizan los datos. Ambos componentes —las técnicas de recolección y las técnicas de análisis— dependen del enfoque que tenga la investigación, puesto que el enfoque cualitativo necesariamente involucra el empleo de técnicas no numéricas, contrario a lo que sucede con el enfoque cuantitativo.

En los dos ejemplos anteriores:

- Para el caso 1: la técnica de análisis puede ser la triangulación de la información, a través de una matriz con variables que permitan hallar puntos en común.

- Para el punto 2: la técnica de análisis puede ser el análisis de datos a través del programa Excel o cualquier otro software que sea apto para analizar los resultados de las encuestas.

Cómo se obtiene la información en la investigación cuantitativa

La encuesta: es un cuestionario compuesto por un conjunto de preguntas cerradas, es decir, donde previamente se han definido las opciones de respuesta que puede escoger la persona encuestada. Estas preguntas pueden ser *dicotómicas* —con dos opciones de respuesta, generalmente sí o no— o de *selección múltiple* con única o múltiples respuestas —en este caso se incluyen posibilidades de respuesta intermedias a las opciones extremas—.

La encuesta se puede emplear, por ejemplo, en aquellas investigaciones donde se desea caracterizar a una población de acuerdo con variables concretas, o en investigaciones donde se busca conocer las preferencias de las personas sobre un tema específico.

La observación:

> Este método de recolección de datos consiste en el registro sistemático, válido y confiable de comportamientos y situaciones observables, a través de un conjunto de categorías y subcategorías. Útil, por ejemplo, para analizar conflictos familiares, eventos masivos (como la violencia en los estadios de fútbol), la aceptación-rechazo de un producto en un supermercado, el comportamiento de personas con capacidades mentales distintas, etc. (Hernández et al., 2014, p. 252)

⬭ "Yo pensaba que la observación era de estudios cualitativos, ¿no es así?"

Es importante tener en cuenta que la observación en la investigación cuantitativa es diferente a la que se realiza en la investigación cualitativa. En el primer caso es necesario que los datos obtenidos de la observación puedan ser codificados posteriormente, y también permitan medir de alguna forma numérica el comportamiento. Por ejemplo, un estudio en el que se observe cuántas personas respetan el semáforo en diversas avenidas de Madrid corresponde a una investigación cuantitativa, porque los datos pueden recolectarse de forma numérica para luego sacar un análisis en torno a los porcentajes, las fracciones y las cantidades en general.

En la observación cuantitativa usamos formatos o formularios de observación estandarizados. Mientras que la observación cualitativa "no es mera contemplación ("sentarse a ver el mundo y tomar notas"); implica adentrarnos en profundidad a situaciones sociales y mantener un papel activo, así como una reflexión permanente. Estar atento a los detalles, sucesos, eventos e interacciones" (Hernández et al., 2014, p. 399).

Datos de fuentes secundarias: la información cuantitativa también se puede obtener de fuentes secundarias como las siguientes:

Datos obtenidos por otros investigadores en estudios anteriores: pueden obtenerse de libros, tesis, artículos científicos, entre otro tipo de publicaciones. Por ejemplo:

Si deseas hacer un estudio sobre la cantidad de multas que se han impuesto en Lima por irrespetar las medidas de bioseguridad frente al COVID-19 puedes tomar los resultados de otros investigadores que ya han estudiado la temática y han obtenido los datos que necesitas, para utilizarlos en tu propia investigación. Claramente, debes darles una orientación diferente y tratar de llegar a conclusiones diferentes a las que los autores consultados llegaron, con el propósito de no incurrir en plagio.

Bases de datos como las de institutos de estadística de cada país donde se recolectan los datos económicos, demográficos, sociales y culturales de todos los habitantes. Por ejemplo:

Si lo que buscas es determinar el aumento de casos de violencia sexual a niñas menores de 15 años en la ciudad de Bogotá (Colombia), puedes construir tu investigación utilizando los datos del Instituto Nacional de Medicina Legal y Ciencias Forenses o la Estadística Delictiva de la Policía Nacional, dado que en los datos de estas entidades encontrarás los registros de todos los casos presentados en esa ciudad a diario. También puedes apoyarte en los estudios y estadísticas que realizan diversas fundaciones que concientizan a la población o representan y acompañan tanto a las víctimas como a las familias de estas que han sufrido este tipo de violencia en la ciudad.

Cómo se obtiene la información en la investigación cualitativa

La entrevista: es un instrumento con el cual se obtiene información directa del entrevistado, a través de la formulación de un conjunto de preguntas de carácter abierto, al emplearlo el entrevistador y el entrevistado tienen la oportunidad de conversar e ir construyendo las respuestas mediante su comunicación. Las entrevistas para una tesis pueden ser: i) estructuradas si las preguntas fueron previamente esquematizadas, cuyo orden debe mantenerse durante el proceso; ii) semiestructuradas si se puede modificar levemente el orden y el formato en el que se realizan las preguntas; y iii) no estructuradas si no se desarrollan previamente las preguntas que se van a realizar y solamente se plantean los temas, así el investigador puede definir qué preguntar en el momento en que se lleva a cabo la entrevista.

El instrumento de la entrevista se utiliza en aquellos estudios donde el investigador requiere conocer la posición de un experto en su tema, bien sea en la parte práctica o teórica; y también en aquellos casos donde sea necesario profundizar sobre un tema y las preguntas cerradas de la encuesta no lo permitan.

Grupos de focales o *focus group*: son una especie de entrevistas que se realizan conjuntamente en un espacio y ambiente informal, durante una reunión grupal de una o más sesiones conformada entre 3 a 10 participantes. Si has optado por este instrumento te recomendamos conformar un grupo no mayor a 5 personas si la dinámica grupal requiere que los participantes narren experiencias o percepciones que involucran en mayor medida las emociones o son de gran complejidad; y un grupo no menor a los 6 miembros si los temas son más sencillos, abiertos y cotidianos. En cuanto al número de sesiones puedes realizar las que consideres necesarias para recoger los datos que necesitas para enriquecer tu trabajo investigativo, y la dinámica grupal debes adaptarla a las características de los participantes.

> **Tip UVR:** elabora una guía previa de preguntas o temas para discutir y fomentar la participación, incluso escribe algunos tópicos que crees que pueden surgir con la participación de los miembros del grupo focal, para que no haya desvíos en el tema o sepas cómo direccionar la discusión.

Los grupos focales son un instrumento de recolección de datos útil para aquellos investigadores que desean observar la interacción entre varias personas cuyas experiencias, conocimientos o labores desempeñadas se relacionan con la temática de estudio, puesto que permiten: observar comportamientos; conocer emociones; cómo unas personas relacionan sus ideas y creencias con las de otras; y cómo los participantes elaboran significados colectivos o grupales a partir de los aportes individuales, las comparaciones y confrontaciones que existen entre una percepción y otra.

Al realizar grupos focales puedes grabar una o más sesiones para que vuelvas sobre algunos de los puntos discutidos que pueden ser importantes en tu análisis, o para utilizar las participaciones transcritas como citas textuales de apoyo en tu trabajo. Asimismo, como material de apoyo para recoger los datos puedes considerar incluir actividades en algunas sesiones de tu grupo focal que te dejen un producto escrito para saber la opinión de cada participante y robustecer el análisis de tu estudio.

Observación cualitativa: la aplicación de este instrumento implica la inmersión del investigador en el contexto o la situación que se estudia. La participación puede ser pasiva, si la recolección mediante este método solo consiste en la observación de archivos de video o no se interactúa con los sujetos involucrados que forman parte del contexto; también puede ser moderada si el investigador participa algunas veces; o completa si participa de la mayoría de las actividades o de todas, y si en algunas ocasiones o en todas se relaciona con los sujetos involucrados.

Si utilizarás la observación en el desarrollo de tu trabajo puedes realizarla sobre el entorno físico, social y humano de los participantes; eventos o situaciones personales o grupales de los sujetos involucrados o participantes; los comportamientos o actividades individuales y colectivas que estos realizan; y los elementos u objetos con los que interactúan o utilizan en relación con el tema que estudias. Todos estos aspectos puedes usarlos en el análisis.

La observación cualitativa es útil para indagar, describir, comprender y reflexionar en torno a las interacciones que se dan entre los sujetos participantes; los procesos, ambientes y contextos en los que están inmersos; los eventos que acontecen; las actividades colectivas que realizan, sus significados y las experiencias individuales y sociales que estos viven.

Consideraciones éticas

💬 **"El asesor de mi tesis me dice que faltaron las consideraciones éticas. ¿A qué se refiere?"**

En una investigación, estas tienen que ver con el cumplimiento de diversos criterios que hacen que el estudio sea considerado dentro de los marcos generales de la ética.

Por lo general, las consideraciones éticas se definen cuando la investigación involucra a seres humanos o animales como objetos de estudios, sobre los que se efectuará algún tipo de intervención. No obstante, en ocasiones también se definen en otros trabajos que no los incluyen para garantizar la originalidad de estos y la no violación de cualquier principio ético.

Estas se encuentran definidas en diversas normas, tanto nacionales como otras que son aplicables a nivel mundial, por ejemplo, las que velan por un adecuado tratamiento de la información personal de los individuos que se obtiene a través de un ejercicio investigativo.

#QuedateEnCasa 5:33 a. m. 34 %
Comentarios
corporacionapoya Que buena ayuda!
2sem Responder
lourdes.ortiz.77985 Gracias por los consejos.
2sem Responder
fabiolamarquezf Son los mejores, muchas gracias guapuras
2sem Responder
santiagoprietod2 Buenísima información. Muy buen post
2sem Responder

Capítulo 4. Resultados

Los resultados corresponden al apartado del trabajo de grado en el cual se muestran los hallazgos obtenidos en el estudio y, además, se realiza un análisis y una discusión en torno a estos. Su presentación puede estar dividida en diferentes capítulos o apartados (según la extensión de la tesis) y su estructura general es la siguiente:

1. Presentación
2. Análisis
3. Discusión

Por lo general, la presentación y el análisis se hacen en un mismo apartado, pero la discusión sí requiere un capítulo diferente. Asimismo, en todos los casos, la sección de los resultados siempre debe empezar con una introducción en la que contextualices a tus lectores comentándoles lo que encontrarán en este capítulo.

Algo muy importante que debes tener en cuenta para su construcción es que no es necesario que incluyas todos los hallazgos que tienes, solo debes anotar los más relevantes. Puedes basar tu selección en mencionar solo aquellos que se relacionen con tus objetivos o las preguntas de tu investigación.

Luego, define una estructura para presentarlos, un orden.

Una de las formas más fáciles de abordar esta tarea es crear un esquema. Al abordar el esquema, lo mejor para usted es concentrarse en dos puntos clave. En primer lugar, debe concentrarse en responder sus preguntas de investigación. En segundo lugar, debe incluir cualquier hallazgo particularmente interesante que haya surgido a medida que completaba su investigación. (Oxbridge Essays, 2020, párr. 8)

Todas las gráficas, tablas, entrevistas y demás elementos que incluyas en este apartado, deben estar acompañados por un comentario, de manera que tus lectores puedan entender por qué son importantes estos resultados para el estudio. También debes mencionar dónde se encuentran los instrumentos que utilizaste para la recolección de la información, los cuales, por lo general, se encuentran en la sección Anexos, como transcripción de entrevistas, etc.

Presentación de resultados

En este capítulo o subcapítulo que se incluye en algunas tesis debes presentar los resultados que obtuviste luego de realizar tu investigación, aunque parezca desafiante es una de las partes más importantes de la tesis, porque aquí es donde logras sustentar los logros alcanzados en el estudio. Llegar hasta este punto en tu redacción significa que ya estás a punto de terminar de escribir tu documento final, porque este es el penúltimo capítulo al que debes enfrentarte y el último de larga extensión.

Para presentar tus hallazgos de forma correcta, lo primero que debes hacer es decidir cómo lo harás, lo cual incluye: el orden en que los presentarás, la información que agregarás y la forma de presentarla —ya sea utilizando tablas, gráficos u otra herramienta—. Es preciso resaltar que no es necesario que incluyas todo, por lo que antes de construir este apartado te recomendamos revisar tus objetivos, las preguntas de tu investigación y tus hipótesis, para que te asegures de que los resultados que incluyes en este apartado responden a todas ellas.

💬 "¿Cuál es la mejor forma de presentar los resultados?"

Una forma de presentar en un orden adecuado tus resultados es mencionarlos en el mismo orden en que numeras tus objetivos o el que siguen las preguntas de tu investigación o las hipótesis. Si los presentas en un solo capítulo puedes hacerlo a través de subapartados; o también en un capítulo individual si, por el contrario, haces la presentación de los resultados en varias secciones donde cada una responde a un objetivo, a una pregunta o a una hipótesis.

Ten en cuenta que no siempre la sección de los resultados aparece con el título Resultados, dado que ello depende de la organización que tenga la tesis. Por ejemplo, tu tesis puede estar organizada por capítulos donde la presentación de los resultados se hace poco a poco en cada uno de ellos y siguiendo el orden de los objetivos, pues, si bien hay una estructura básica para elaborar y presentar la investigación, hay casos donde el capítulo de Resultados se convierte en tres o más capítulos diferentes donde se desarrolla cada objetivo, pregunta o hipótesis según sea el caso.

> Por ejemplo: si el tema de tu tesis es "Diseño de un sistema de agua potable para una comunidad rural en el estado de Puebla" y, en lugar de utilizar el esquema básico, utilizas una tesis dividida por capítulos, la estructura quedaría así:
>
> Introducción
>
> Objetivos
>
> Problema
>
> Justificación
>
> Marcos
>
> Metodología
>
> Capítulo I. Diagnóstico de la situación actual en cuanto a agua potable en la comunidad rural.
>
> Capítulo II. Viabilidad técnica, financiera y social del proyecto.
>
> Capítulo III. Presentación del nuevo sistema de agua potable.
>
> Conclusiones y recomendaciones.

En este caso se aprecia que los resultados de la tesis se presentan a lo largo de los tres capítulos. Esta estructura es la que mayormente se utiliza en las tesis de pregrado y maestría: en lugar de incluir un gran apartado de Resultados, se agregan capítulos que dan cuenta de los hallazgos de la investigación.

En general, presentar los resultados en un solo capítulo o en tres o más capítulos diferentes es igual, lo que debes tener en cuenta es que si optas por esta última estructura lo ideal es que en cada capítulo muestres los resultados obtenidos según corresponda. Recuerda que lo correcto es que por cada objetivo específico incluyas un capítulo en el documento de tu tesis, de manera que cada capítulo sustente que sí se cumplió con el objetivo indicado y a qué hallazgos se llegó.

Por eso, es tan importante tener claro qué incluirás en cada capítulo, para evitar repeticiones innecesarias o equivocarte en la organización de tu tesis.

> Cuando tu esquema de tesis incluye el capítulo Resultados de forma exacta la estructura correcta sería:
>
> Capítulo 7. Resultados
>
> 7.1 Presentación de resultados
>
> 7.2 Análisis de resultados
>
> 7.3 Discusión de resultados
>
> En algunas ocasiones, los subcapítulos 7.1 y 7.2 forman uno solo que se llama Presentación y análisis de resultados.

Si después de la presentación de los apartados preliminares, los marcos y la metodología tu esquema de tesis incluye un desarrollo capitular de acuerdo con los objetivos, las preguntas o las hipótesis de la investigación, entonces debes realizar la presentación, el análisis y la discusión de los resultados obtenidos en cada capítulo según el orden que estés manejando. A la vez, debes verificar que no has incluido resultados de más en cada capítulo y que, efectivamente, los has limitado a los objetivos, las preguntas o hipótesis específicas a los cuales estás respondiendo.

En todo caso, lo importante es saber que en la sección Resultados, ya sea que la denomines así o la presentes en forma de capítulos, *no debes incluir la metodología que empleaste para llegar a estos*, dado que la exposición del método seguido ya la hiciste en el punto anterior. Tampoco incluyas en esta sección las conclusiones del estudio, pues este es el punto que desarrollarás cuando hayas terminado con los resultados.

💬 "¿Cuál es la mejor forma de presentar los resultados? No sé si usar tablas o mejor solo incluir texto"

Una vez sepas qué vas a incluir y en qué orden lo harás, debes definir la forma de presentar tus resultados. Cabe anotar que su presentación dependerá del enfoque investigativo que utilizaste en tu trabajo.

Si tu investigación es cuantitativa lo recomendable es optar por organizar los datos en forma de gráficos y tablas, a fin de que el lector logre entender mejor y con claridad tus resultados. Como recomendación general te recordamos que no debes no incluir todos los gráficos y tablas que hayas elaborado en el desarrollo de tu investigación porque, a veces, construir un gráfico o una tabla con datos importantes para el estudio puede decir mucho más que 15 gráficos seguidos que contienen información irrelevante. También está muy atento para no mostrar la misma información en los gráficos y las tablas, puesto que, con frecuencia, sucede que se incluyen los mismos datos tanto el gráfico como en la tabla para explicar una misma variable, lo cual es incorrecto. Y recuerda que antes o después de cada gráfico o tabla debes colocar una explicación con tus propias palabras donde interpretes el resultado mostrado.

Si tu investigación es cualitativa puedes elaborar categorías de análisis e incluir fragmentos de las entrevistas, los *focus group* o los diarios de campo. En este caso tampoco es necesario que transcribas todo lo que encontraste en el cuerpo de los resultados, pero sí debes agregar esta información como anexo, por ejemplo: en el Anexo 4 se incluye el diario de campo del año 2019.

Análisis de resultados

En el capítulo Análisis de resultados debes tratar de darle un contexto a tus hallazgos según el tema de investigación que has estado desarrollando, pero aquí aún no debes incluir comparaciones con los antecedentes de tu trabajo o decir si probaste la hipótesis, dado que la ubicación que a ello le corresponde es la sección de Discusión. Lo más importante en este apartado es expresar qué tienen que ver los resultados con tu tema de investigación.

> Por ejemplo, en una investigación cuantitativa, una gráfica sobre la edad promedio a la que los ejecutivos llegan a puestos de dirección no querrá decir lo mismo si nos posicionamos bajo un marco de género, que si lo hacemos bajo un marco de liderazgo. Para el primero, el énfasis del análisis hará que hilemos la edad promedio (presentado anteriormente como dato crudo), con las diferencias entre hombres y mujeres para llegar a ser líder.
>
> Para el segundo, insistiremos en hilar las características personales y el puesto ocupado con la edad que se tenía al alcanzar el puesto de líder.

Sin ser *a priori* una investigación mejor que la otra, podemos ver cómo el marco teórico subyacente o los objetivos nos llevarán a hilar los resultados en un sentido u otro totalmente diferente. (UVR correctores de textos y Baleriola, 2020, párr. 10-13)

Recuerda:

La idea no es colocar gráfica tras gráfica sin incluir una explicación propia, ni citar fragmentos de entrevistas sin anotar ninguna introducción sobre estas.

Análisis de resultados en la investigación cuantitativa

Luego de aplicar la metodología seleccionada y utilizar un enfoque cuantitativo en tu trabajo, tendrás un conjunto de cifras o datos como resultado de tu proceso investigativo que debes analizar. Hay muchas formas de hacerlo, el método de análisis que selecciones dependerá del objetivo investigativo que te trazaste y también del tipo de datos encontrados. Así pues, deberás escoger entre la estadística descriptiva y la estadística inferencial, y definir si Excel será la herramienta que usarás para el tratamiento de los datos o te guiarás por un software estadístico más especializado.

Antes de empezar a escribir este apartado debes tener listo el análisis de los datos con la técnica que hayas seleccionado. Es muy importante que la decisión sobre la técnica que vas a utilizar la tomes al principio de la tesis, esto es, cuando estás definiendo el objetivo, porque ello te permitirá avanzar en el desarrollo de tu trabajo sin necesidad de hacer pausas para tomar decisiones de este tipo en el camino.

Cuando los tesistas utilizan este enfoque y no definen desde el principio si van a usar la estadística descriptiva o la estadística inferencial puede suceder, como ha ocurrido en muchos casos, que la universidad rechace sus propuestas de tesis o incluso los anteproyectos de estas. Ello se debe precisamente a que los estudiantes no dejan claras estas cuestiones, y así el comité encargado de evaluarlos no encuentra claridad entre el objetivo y la forma como este se cumplirá, es decir, la metodología. Por eso no olvides que antes de presentar la propuesta debes tener clara la forma en que analizarás los datos que obtendrás con tu estudio, esto ayudará a que tu propuesta de tesis sea aceptada.

En principio, puedes hacer un análisis estadístico simple. Para ello lo que debes hacer es tomar los datos obtenidos y organizarlos; luego debes presentarlos en forma de tablas, histogramas, gráficos circulares o de tortas —como los llamamos comúnmente—, entre otros.

> Por ejemplo: si tu objetivo es hacer una comparación entre el comportamiento de una variable (el nivel de escolaridad) a lo largo de un periodo (2010-2020) en dos países (México y Colombia) con niños menores de 10 años, podrías realizar un gráfico de torta donde muestres el porcentaje de escolaridad por grupos de edad, por género y por estrato social en cada país, lo que te permitirá hacer un análisis comparativo en el momento actual. También podrías hacer un gráfico de línea donde muestres el número de personas escolarizadas a lo largo de esos 10 años en cada país.
>
> A su vez, si en tu trabajo realizaste una pregunta al público como ¿a qué país prefiere viajar en Navidad?, puedes agrupar estos datos en una tabla por categorías, e incluir las frecuencias de cada respuesta y luego graficarlas.
>
> Lo anterior te permitirá hacer análisis como el siguiente: "El 30 % de los encuestados escogió Francia, mientras que los países de clima tropical ocupan el 50 % de las respuestas".

También puedes utilizar las medidas de tendencia central —el promedio, la mediana, la moda— o las medidas de variabilidad —el rango, la varianza o la desviación estándar— que hacen parte de la estadística descriptiva, como en el siguiente ejemplo tomado de Hernández et al. (2014):

Supongamos que aplicamos una escala de actitudes del tipo Likert para medir la "actitud hacia el presidente" de una nación (digamos que la escala tuviera 18 ítems y se promediaran sus valores). El rango potencial es de 1 a 5, donde 1 es una actitud totalmente desfavorable y 5 una actitud totalmente favorable.

Si obtuviéramos los siguientes resultados:

Variable: actitud hacia el presidente

Moda: 4.0

Mediana: 3.9

Media: 4.2

Desviación estándar: 0.7

Puntuación más alta observada (máximo): 5.0

Puntuación más baja observada (mínimo): 2.0

Rango: 3

Podríamos hacer la siguiente interpretación descriptiva:

La actitud hacia el presidente es favorable. La categoría que más se repitió fue 4 (favorable). 50 % de los individuos está por encima del valor 3.9 y el restante 50 % se sitúa por debajo de este valor (mediana). En promedio, los participantes se ubican en 4.2 (favorable).

Asimismo, se desvían de 4.2, en promedio, 0.7 unidades de la escala. Ninguna persona calificó al presidente de manera muy desfavorable (no hay "1"). Las puntuaciones tienden a ubicarse en valores medios o elevados.

> En cambio, si los resultados fueran:
>
> Variable: actitud hacia el presidente
>
> Moda: 1
>
> Mediana: 1.5
>
> Media: 1.3
>
> Desviación estándar: 0.4
>
> Varianza: 0.16
>
> Máximo: 3.0
>
> Mínimo: 1.0
>
> Rango: 2.0
>
> La interpretación es que la actitud hacia el presidente es muy desfavorable. La variabilidad también es menor en el caso de la actitud muy desfavorable (los datos se encuentran menos dispersos). (Hernández et al., 2014, pp. 288-289)

No obstante, si el objetivo que te trazaste fue encontrar una relación de causa y efecto debes utilizar análisis estadísticos más avanzados como la modelación.

> Por ejemplo: si tu objetivo es conocer la relación que existe entre el tipo de profesión estudiada y el salario que devengan los profesionales en una ciudad, debes correr un modelo mediante el cual encontrarás la clase de relación existente entre ellas, si realmente la profesión que se estudia definirá el salario; incluso encontrarás otras variables que debes incluir en tu modelo para poder obtener unos resultados más precisos.

Recuerda que estos métodos son más avanzados, por lo tanto, para utilizarlos se requiere tener conocimiento de cómo se emplean los softwares estadísticos y cómo realizar los análisis de datos más complejos. No selecciones este tipo de metodología si no la conoces, y si lo haces asegúrate de buscar la ayuda de un especialista en estadística que te brinde su apoyo y conocimiento sobre el tema.

No olvides seleccionar una técnica de análisis de datos que se adapte a tus conocimientos y recursos, pues la idea no es agregar más tareas de las necesarias a la realización de tu tesis. Al seleccionar la técnica adecuada te aseguras de tener éxito y terminar con mayor rapidez tu trabajo de grado, pero si te embarcas en un terreno desconocido para ti es probable que dilates mucho más el proceso y también hay más probabilidades de que cometas errores.

Ejemplos

💬 **"Estudié economía y desarrollé un modelo con Stata para relacionar la pobreza con el empleo, ¿qué debo colocar en el Análisis de resultados?"**

Este es un estudio correlacional, por eso para analizar sus hallazgos tendrás que desarrollar el proceso propio de una investigación cuantitativa. En este caso, debes colocar principalmente los resultados de su modelo, los cuales se dividen en varias partes:

En primer lugar, debes describir el proceso de construcción del modelo hasta llegar a la función definitiva utilizada para la investigación. Luego debes mostrar los principales hallazgos en cuanto al relacionamiento de las variables, la significancia de estas, entre otros aspectos que permitan ver los resultados del modelo. Y, finalmente, debes analizar estos resultados y mostrar conclusiones que permitan validar o rechazar las hipótesis trazadas al inicio del trabajo, además de discutir dichos hallazgos con base en algunos estudios anteriores, teorías elaboradas sobre el tema o los objetivos propuestos en tu tesis.

💬 **"¿Incluyo todo lo que hice con mi modelo o solo incluyo el análisis sin imágenes?"**

No es necesario que en este apartado incluyas los pantallazos de todos los pasos seguidos en el modelo, en el cuerpo del trabajo solo debes incluir los más importantes; los demás, como los resultados de las pruebas realizadas al modelo, puedes citarlos dentro del documento y colocarlos como anexos al final de este o en un archivo aparte, dependiendo de los requisitos de presentación establecidos por tu universidad.

💬 **"¿Es mejor Stata o EViews o cuál programa me recomiendan?"**

El software o programa estadístico que debes utilizar para correr el modelo depende de tus preferencias, experiencias o conocimientos como investigador(a); sin embargo, esta decisión también puede estar mediada por las exigencias de tu programa académico, tu asesor de tesis o la universidad. Por esa razón, nos abstenemos de recomendarte un software o programa en particular, dado que todos los existentes logran prestar el mismo servicio.

> **Recuerda:**
>
> Lo realmente importante son los resultados que obtengas y, más aun, las conclusiones a las que llegues a través de estos resultados.

💬 **"Yo estudié una carrera del área de educación y mi trabajo se basó en un análisis con adolescentes para conocer sus preferencias en cuanto a asignaturas en el colegio, esto lo hice utilizando encuestas; ahora tengo todas las encuestas aplicadas, pero no sé qué hacer"**

En el caso que nos mencionas se puede ver que desarrollaste una investigación aplicada, la cual puede ser un estudio de caso o descriptiva, lo que depende de tu objetivo general. En ese sentido, tu análisis de resultados, al igual que en el caso anterior, debe seguir el procedimiento de un estudio cuantitativo, puesto que el instrumento que utilizaste fue la encuesta y este es de carácter cuantitativo.

Para hacer el análisis de las encuestas te recomendamos emplear Excel, dado que es un programa sencillo y completo, apto para desarrollar los trabajos investigativos de este tipo en pregrado[19]. Así pues, los pasos que debe seguir un estudiante que se encuentre en esta misma situación son los siguientes:

---

[19] Programas estadísticos como Stata, SPS o EViews permiten hacerlo, pero Excel es el que más se utiliza dada su sencillez y practicidad, además, este programa cuenta con todas las herramientas necesarias para desarrollar una buena manipulación de datos; salvo que haya una directriz de la universidad que indique que debe utilizarse uno de los otros programas aquí referidos.

1. Digitar las encuestas.

    En primer lugar, el estudiante debe abrir una hoja de cálculo en el programa Excel y digitar todas las encuestas realizadas. La hoja debe quedar como se muestra en la Figura 17.

Figura 17

Tabulación de la encuesta

Sección 1				
Número	Pregunta 1	Pregunta 2	Pregunta 3	Pregunta 4
1	x	x	x	x
2	x	x	x	x
3	x	x	x	x
4	x	x	x	x
5	x	x	x	x
6	x	x	x	x
7	x	x	x	x
8	x	x	x	x
9	x	x	x	x
10	x	x	x	x
11	x	x	x	x
12	x	x	x	x
13	x	x	x	x
14	x	x	x	x
15	x	x	x	x
16	x	x	x	x

2. Construir las gráficas.

   El segundo paso que debe seguir el estudiante es la construcción de las gráficas, para lo cual debe insertar una tabla dinámica con todos los datos. Este paso es más sencillo de lo que parece, dado que consiste en seleccionar el área donde se encuentran los datos, ir a la opción Insertar y dar clic en la casilla Tabla dinámica, tal y como se observa en la Figura 18.

Figura 18

Insertar la tabla dinámica

Número	Pregunta 1	Pregunta 2	Pregunta 3	Pregunta 4
		Sección 1		
1	x	x	x	x
2	x	x	x	x
3	x	x	x	x
4	x	x	x	x
5	x	x	x	x
6	x	x	x	x
7	x	x	x	x
8	x	x	x	x
9	x	x	x	x
10	x	x	x	x

De esta forma, aparecerán todos los datos organizados y listos para ser convertidos en gráficas, como se aprecia en la Figura 18.

Posteriormente, cuando se obtiene una tabla dinámica, como la que se evidencia en la Figura 19, los pasos que se siguen son:

1. Seleccionar la pregunta.

2. Arrastrarla hacia donde dice filas y valores.

3. De esta forma se obtiene la tabla que luego se selecciona.

4. Se da clic en la opción <u>Analizar</u> y, finalmente, en <u>Gráfico dinámico</u>.

Esta acción se repite con cada una de las preguntas que componen la encuesta.

Figura 19

Construcción de gráficos desde la tabla dinámica

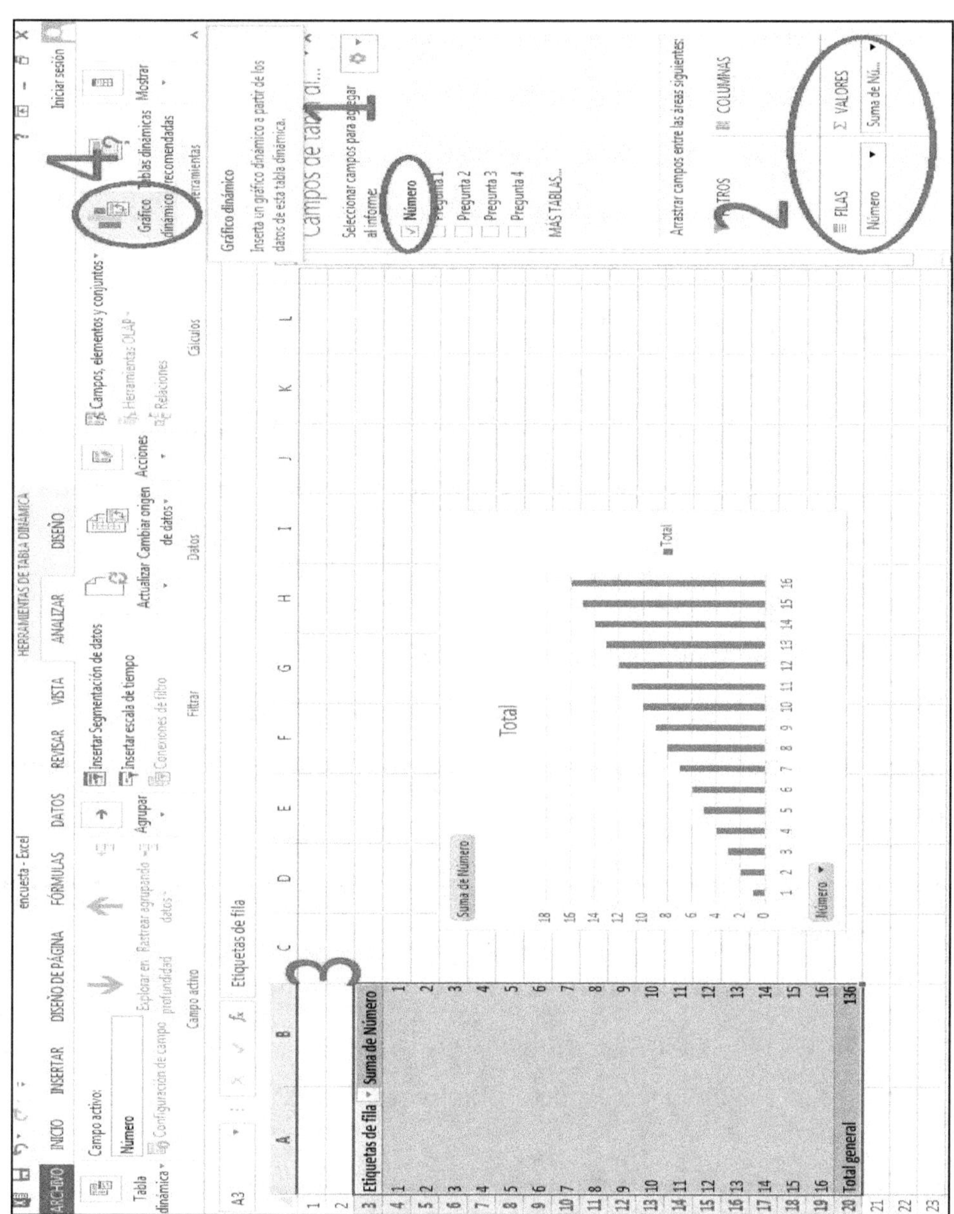

3. Copiar y pegar los gráficos.

    El tercer paso consiste en copiar y pegar los gráficos que se realizaron en Word y presentar los resultados obtenidos. En este punto, es importante emplear diversas formas de expresar dichos resultados. Por ejemplo:

    - El 50 % de los encuestados.

    - 5 de cada 10 de los participantes.

    - La mitad de la muestra seleccionada.

También es importante tener en cuenta que, si bien se pueden colocar tanto gráficos como tablas para mostrar la información obtenida de los resultados, no es conveniente colocar una tabla y una figura con la misma información, pues solo se lograría redundar y confundir al lector de la tesis. Por ello, si analizaste una pregunta a través de una figura recuerda que ya no necesitas colocar una tabla idéntica.

Para terminar el análisis de tus resultados es necesario que realices una discusión sobre estos, bien sea que los presentes en la parte inmediatamente siguiente a cada gráfico o tabla, o en un apartado diferente.

Recuerda:

El análisis no consiste únicamente en colocar qué dice la gráfica, sino en dar una pequeña explicación del porqué de los resultados y establecer relaciones con los objetivos trazados al principio del estudio.

Finalmente, es preciso mencionar que en caso de que debas desarrollar encuestas que puedan realizarse en línea, es decir, que puedan ser aplicadas a un público virtual, te recomendamos usar Google Docs, el cual te permite hacer el cuestionario en línea y también arroja los resultados de este en forma de gráficos. Así te ahorras el proceso de tabulación en Excel y solo restaría analizar estos resultados.

💬 **"Mi tesis es un proyecto en el cual propongo a una mejora en el Área de Sistemas de una empresa, realicé una encuesta y una entrevista, además, recolecté datos de fallas en el sistema en los últimos años; tengo dudas sobre cómo analizar mis resultados"**

Por las características que mencionas, esta es una investigación descriptiva, con enfoque mixto, puesto que obtuviste tanto datos numéricos como no numéricos, por ello, debes analizar los resultados apoyándote en diferentes técnicas.

Te recomendamos presentar los resultados de la encuesta en forma de gráficos y acompañarlos con un análisis de los hallazgos más relevantes; por ejemplo, si encuentras que el 80 % del personal del área está inconforme con el sistema de inventarios, o que solo el 30 % sabe cómo manejarlo. Asimismo, te sugerimos exponer los puntos más importantes que hallaste mediante las entrevistas y que, de alguna manera, te ayudan a reforzar lo que encontraste en las encuestas; por ejemplo, si uno de los operadores del sistema te explicó las razones por las cuales el sistema actual no funciona correctamente.

De esa manera, puedes realizar un análisis y demostrar la importancia de la propuesta que presentarás posteriormente, la cual representa el complemento del análisis de tus resultados.

⌕ "Yo tengo una idea de negocios y mi tesis será la formulación del plan de negocios"

Esta propuesta es muy interesante. Es muy común hacer una tesis que a la vez sea un plan de negocios. Al principio puedes sentirte perdido porque no sabes qué metodología utilizar ni qué parte de la propuesta corresponderá a los resultados de tu tesis y, aunque parezca complicado, no lo es.

Un plan de negocios es realmente una presentación de resultados. Por eso, debes tener claro que los planes de negocio son estudios descriptivos y el enfoque que le demos depende de qué datos obtuvimos para plantearlo. Por ejemplo, en un estudio de mercado se pueden aplicar encuestas para investigar si el producto tendrá buena aceptación entre el público objetivo, pero también es posible hacer una revisión documental para ver qué otros planes de negocio se han formulado en la facultad con características similares al que tenemos; todo esto con el fin de hacer una comparación entre los resultados que ellos obtuvieron al preguntarle al público.

Las opciones son infinitas. El punto más importante en el análisis de los resultados es tener claridad sobre el enfoque y el tipo de investigación que hemos seleccionado, con el propósito de que nuestra tesis guarde coherencia entre estos apartados. Así pues, no es correcto que, por ejemplo, selecciones un estudio documental y luego presentes y analices los resultados de una encuesta.

💬 **"Estudié ingeniería y la verdad estoy confundido, quiero hacer algo novedoso"**

Puedes llevar a cabo un experimento, es un tipo de investigación muy común en el área de ingeniería. La presentación y el análisis de los resultados corresponderá a la descripción paso a paso del experimento, teniendo en cuenta los hallazgos importantes y las limitaciones del estudio; luego, cuando llegues a la discusión, cómo veras en el siguiente capítulo, podrás comparar tus resultados con los de experimentos anteriores. A continuación, te dejamos un ejemplo:

Haque, Hasan y Rahman (2008) describen en su artículo titulado *Diseño, construcción y prueba de un sistema híbrido de calefacción solar de habitaciones* cómo desarrollaron sistemas solares de calefacción de habitaciones con la utilización de energía renovable, donde la energía solar se convierte en energía térmica. y transportado a la habitación o espacio objetivo a acondicionar. El aire, en este caso, es el medio. En el periodo antiguo, como afirman los autores, los refugios se construyeron para dejar entrar la luz del sol y evitar la mayor pérdida de calor posible. La versión mejorada de este concepto se conoce como "efecto invernadero", donde hay una combinación de una superficie oscura y una cubierta transparente que resulta como un vacío de energía. Esta energía térmica se suministra luego a la habitación para calentarla. El sistema de calefacción fue diseñado para un espacio de 27 m^3. La temperatura ambiente era de 20 °C, cuyo objetivo era aumentar a 23 °C. Para alcanzar este objetivo, se requirió energía térmica de 98.136 kJ para suministrar dentro de la habitación.

Debido a la falta de disponibilidad de una habitación de este tipo, el experimento se llevó a cabo en una habitación que era casi tres veces el espacio deseado. Como resultado, la temperatura deseada no estaba disponible.

Sin embargo, el rendimiento del sistema de calentamiento cruzado fue impresionante. (iEduNote, s.f., párr. 5-10)

💬 **"Yo estoy en el área de la salud, ¿qué tema me recomiendan?"**

En el área de la salud se puede desarrollar un sinnúmero de estudios, desde uno correlacional para determinar las tasas de prevalencia de una enfermedad según la edad de los pacientes, hasta uno descriptivo de síntomas producidos por el estrés al enfrentarse a una visita con un mastólogo.

> **Recuerda:**
>
> Las opciones son realmente infinitas, todo depende de las fortalezas y los gustos del tesista.

Además, es necesario tener en cuenta el tema que escogiste para utilizar, de acuerdo con este, algunos instrumentos de recolección de información. Si seleccionas la encuesta, te será de mucha utilidad la información presentada en las páginas anteriores sobre cómo analizar las encuestas, si son datos tomados de otras entidades para llevar a cabo un análisis matemático o estadístico también encontrarás la información que necesitas para realizarlo en las páginas anteriores de este libro.

Análisis de resultados en la investigación cualitativa

Una vez se hemos aplicado la metodología, las técnicas y los instrumentos de recolección de datos que escogimos para desarrollar nuestra investigación, nos encontramos frente a una cantidad de datos e información heterogénea que debemos organizar en este apartado. Esta diversidad en la información se debe a que proviene de diferentes autores que han abordado el tema, teorías y conceptos previos, participantes de entrevistas o grupos focales conformados por personas que tienen percepciones diferente sobre un mismo fenómeno o tema, de la observación cualitativa en la que participa nuestra reflexión, lo regido en los diarios de campo, etc.

A diferencia del enfoque anterior, en el análisis de estos datos no se requiere el seguimiento estricto de una serie de pasos, dado que este tipo de investigación nos permite ir y venir en el análisis, retroceder y avanzar unos pasos para darle mayor coherencia y firmeza al análisis y a la propuesta cualitativa del estudio, así como para tomar la información que es relevante y que pudimos haber pasado por alto. Lo más importante aquí es tener claro las categorías de análisis que son primordiales para el desarrollo del tema y el cumplimiento de los objetivos trazados.

De la misma forma que sucede en el análisis de los resultados de la investigación cuantitativa, en el análisis de resultados de la investigación cualitativa no es necesario que incluyas todos los datos y la información que recolectaste.

Al reunir todos los datos debes establecer categorías de análisis para poder hallar significados, elaborar interpretaciones sin prescindir del contexto en cual recopilaste los datos, hacer comparaciones, obtener patrones, hacer los cambios necesarios en el análisis y llegar a ideas concluyentes.

Por lo tanto, aquí la mirada crítica, selectiva y focalizada que adoptes en cuanto que investigador(a) del trabajo acerca del objetivo de tu tesis es fundamental para poder lograr un análisis coherente. Para ello debes discriminar entre los datos que necesitas y que verdaderamente le aportan a tu estudio y aquellos datos de los que puedes prescindir y no necesitas incluir en el análisis porque no son relevantes para el tema, así como también entre los datos que figuran como fuente principal del análisis y los datos que te aportan información complementaria para cumplir con los objetivos propuestos. Veamos un ejemplo:

Si realizo un estudio con enfoque cualitativo del tipo investigación-acción, el cual consiste en comprender cómo la automatización puede mejorar la eficiencia de los sistemas de dosificación de coagulantes primarios en una planta potabilizadora PTA, además de identificar cómo ello optimizaría la realización de este proceso en una planta de tratamiento de un municipio de Colombia, debo realizar: comparaciones conceptuales, teóricas, prácticas e incluso numéricas; pero la estimación de la mejora de la eficiencia será en principio cualitativa y por ello estos serán los datos esenciales sobre los cuales haré el análisis. Así pues, debo discriminar:

- La fuente principal para elaborar el análisis que son: los datos que describen el proceso de los sistemas de dosificación en general y el que realiza la PTA, los beneficios de la automatización para este proceso, los factores que influyen negativamente en el proceso en general o aquellos que están afectando el que lleva a cabo la PTA, entre otros.
- La fuente que aporta información complementaria que son: los datos numéricos que sustentan el beneficio que se obtiene con la automatización, en general y para la PTA específica.

Análisis documental: es útil en aquellas investigaciones cuyo propósito, en general, es dar a conocer el tema de un área específica de estudio que ya ha sido abordado por otros investigadores y expertos en documentos previos; o que buscan estudiar un concepto o una parte de la información contenida en estos para ampliar la comprensión que se tiene de los temas o proponer una solución al problema que abordan. En sí, lo que se busca es elaborar un documento nuevo y representativo de los que se toman como base para recuperar la información relevante en ellos y así se adviertan, con mayor facilidad, los aportes que estos pueden tener en la discusión actual sobre el tema que abordan, para que el tema sea más conocido o proponer alguna mejora en la teoría; todo ello mediante un proceso analítico y sintético (de interpretación, análisis y síntesis) de la información contenida en estos documentos. De ese modo estas investigaciones se configuran en referentes de los documentos en los que se basan, facilitando su acceso, difusión y conocimiento, e incluso aportando nuevas perspectivas o profundizando en algunos puntos que subyacen en estos.

Análisis de contenido: es útil para analizar el significado que tienen las categorías, las relaciones que se forman entre sí y las ideas que abordan los textos consultados. Estos pueden ser documentos personales como biografías, diarios o autobiografías, novelas y demás obras literarias, obras científicas como enciclopedias e investigaciones, artículos de revistas académicas, documentos institucionales o periodísticos, etc. Este análisis puede emplearse en aquellas investigaciones donde se busca describir tendencias en el uso o significado que se le da a una categoría o identificar el significado de un conjunto de ellas o un texto completo, mediante inferencias que el investigador hace del contenido textual y al establecer asociaciones entre los datos analizados.

Análisis del discurso: este tipo de análisis es útil para aquellas investigaciones donde se busca conocer el significado y las percepciones individuales o colectivas que subyacen en los contenidos escritos, las comunicaciones periodísticas, los contextos, los comportamientos y las ideologías, a partir del estudio de diversas fuentes escritas u orales que deben ser transcritas. En suma, consiste en estudiar el uso del lenguaje, el propósito y el sentido con el cual se utilizan determinadas categorías para comprender la realidad social y las relaciones existentes en el contexto del que dan cuenta.

Análisis fundamentado: se basa en el estudio de datos empíricos para entender mejor el tema o reformular las teorías, las definiciones y los procesos existentes a partir del análisis de la experiencia y las percepciones de los sujetos, en relación con una situación o un evento. Aquí quien investiga debe tener una apertura total para estudiar el fenómeno a profundidad, porque se utiliza especialmente en aquellos estudios relacionados con el entendimiento del comportamiento humano y social, o en aquellos estudios de disciplinas donde es esencial la experiencia particular y colectiva de los sujetos. En otras palabras, la teoría, la hipótesis o el planteamiento en general que se exponga en un trabajo que emplee este tipo de análisis se construye con base en los datos.

Análisis asistido por computadora: se utiliza para organizar la información y los datos recolectados, con el objetivo de aclarar y respaldar el análisis hecho por el investigador cuando utiliza muchas variables, datos o categorías de análisis. Los programas y softwares que se emplean en este tipo de análisis permiten relacionar los conceptos, las categorías y las teorías que se ingresan para mapear, diagramar y vincular los datos, o realizar conteos como se requiere en las investigaciones que utilizan el análisis del discurso, entre otros. Los programas que más se utilizan son: Atlas.ti®, Ethnograph®, Nvivo® y Decision Explorer®.

Análisis de redes: se basa en el estudio de las redes, es decir, las estructuras sociales, las relaciones y los vínculos que existen en una comunidad, una entidad, un ambiente, etc. De modo que resulta útil para comprender y describir cómo se comportan los sujetos tanto individual como colectivamente. Este tipo de análisis usualmente se presenta en forma de diagramas o mapas, a modo de complemento de otro tipo de análisis como el de contenido.

Análisis narrativo: se elabora sobre la base de los relatos y las historias que hace un conjunto de personas con relación a una misma experiencia, para que el investigador pueda estudiarla y entenderla a profundidad, así como también los significados de esta. Por lo tanto, en este tipo de análisis se tienen en cuenta aquellos elementos —ya sean acontecimientos, acciones, eventos, personas, etc.— que son importantes para los sujetos involucrados.

Análisis de conversación: es útil para las investigaciones de tipo etnográfico, donde usualmente el investigador hace trabajo de campo, aplica instrumentos como los grupos de enfoque y obtiene comunicaciones personales de los sujetos que participan de la muestra. Es así porque el análisis se centra en un estudio detallado sobre el discurso que se utiliza, la manera como este es comunicado, el énfasis con el cual se expresa, las palabras y los conceptos empleados en él, entre otros elementos del discurso; todo ello con el fin de comprender los patrones que existen en esta interacción verbal entre los sujetos, cómo esta influye y regula algunas prácticas sociales y, en general, la vida de una comunidad o sociedad.

Ejemplos

Tesis documental

💬 **"Hola, lo que yo quiero hacer es una investigación teórica, pues lo que tengo es una recopilación de documentos que tratan sobre la medición de la pobreza en el mundo. Ahora no sé cómo proceder para obtener un buen Análisis de Resultados"**

Aquí podemos ver que estás desarrollando una investigación documental, razón por la cual los pasos que debes seguir en el análisis de los resultados que obtuviste son los de un estudio cualitativo no aplicado.

Lo primero que debes hacer para empezar el desarrollo del estudio es definir tus categorías de análisis, las cuales representan aquellas temáticas clave que abordas en la tesis. En segundo lugar, debes desarrollar dos instrumentos: una ficha de análisis documental (ver Tabla 1) y una matriz de sistematización de la información (ver Tabla 2). La ficha de análisis documental es un formato que puedes elaborar en Word o en Excel, y su construcción debe permitirte incluir los elementos más importantes de cada documento consultado, como son: el autor, el año y el tema del documento, el objetivo que planteó, la metodología utilizada y los resultados a los que llegó.

Tabla 1

Ficha de análisis documental

Ficha de revisión y análisis documental	
Identificación del documento	
Título de la publicación	
Fecha de la publicación	
Lugar de publicación	
Autor(es)	
Descripción del documento	
Principales temas abordados	Se enlistan las palabras o conceptos clave de la publicación.
Categoría a la que pertenece	Se debe mencionar a qué categoría de estudio pertenece la publicación (dependiendo de las categorías definidas en tu estudio).
Objetivos y justificación de la investigación	Se realiza una descripción del por qué y el para qué de la investigación.
Perspectiva teórica	Definición de los elementos teóricos que orientaron la investigación, tales como *enfoques, conceptos, categorías* y *teorías*.
Metodología	Descripción de cómo se llevó a cabo el proceso investigativo. Se mencionan componentes como el tipo de investigación, las fases de la investigación, las técnicas de recolección y análisis de la información, y la población participante (en caso de que aplique).
Hallazgos	En este punto se deben relacionar los principales hallazgos y resultados del proceso investigativo, además de las reflexiones finales y el impacto logrado con el estudio.
Principales referentes	Consiste en enumerar algunos de los principales referentes empleados en la publicación.
Comentarios	Observaciones adicionales con relación a la publicación.

De esa manera, al finalizar el proceso de consulta de los documentos se tendrá la información organizada por fichas que facilitarán su manipulación y análisis. Por otra parte, la matriz de sistematización de la información tiene el formato de una tabla, la cual se constituye en el filtro del proceso de consulta porque en ella se incluyen los criterios de inclusión y exclusión de documentos, las fuentes de consulta que se tendrán en cuenta, los tipos de documentos aceptados, entre otros. La matriz ayuda a recoger en las fichas de análisis la información que realmente contribuirá de forma positiva a la investigación.

Tabla 2

Matriz de sistematización de la información

Tipos de fuentes que se van a consultar
Periodo de tiempo
Idioma
Temas
Criterios de aceptación
Criterios de rechazo
Estrategias de búsqueda de información
Observaciones

Luego de construir y utilizar los instrumentos anteriores se procede a analizar la información obtenida del proceso de revisión documental, lo cual puede hacerse de diversas formas, la más recomendable es mediante el empleo de la técnica de triangulación que consiste en la construcción de una matriz de triangulación de la información. Esta técnica permite contrastar las posturas de los diversos autores consultados, ya sea en materia teórica, metodológica o de resultados.

Por ejemplo: si se desea comparar las posiciones de diversos autores sobre una teoría se puede construir una matriz con filas y columnas, en las filas se colocan todos los autores consultados y en las columnas los temas abordados (ver Tabla 3).

Tabla 3

Matriz de regulación de la información

	Postura 1	Postura 2	Postura 3
Tema 1			
Tema 2			
Tema 3			
Tema 4			

Tesis con entrevistas

💬 **"Espero me ayuden, porque entrevisté a los ejecutivos de una empresa para desarrollar mi tesis, pero no sé cómo plasmar lo que ellos me dijeron en mi documento final"**

En este caso estás desarrollando una investigación cualitativa aplicada. Por eso, respecto al análisis de tus entrevistas podemos decirte lo siguiente: las entrevistas se caracterizan porque están compuestas de preguntas abiertas, y es por eso por lo que se dificulta generar un gráfico para presentar los resultados de dichas preguntas, contrario a lo que sucede con las encuestas compuestas por preguntas cerradas. En consecuencia, al obtener respuestas amplias y diferentes de las diversas personas entrevistadas, nos encontramos entre un mundo de información que no sabemos cómo depurar, analizar e incluir en la tesis.

La recomendación que te damos, y que en general le damos a todos los que están en esta misma situación, es que definas unas categorías de análisis de acuerdo con las preguntas que realizaste y extraigas de las repuestas de los entrevistados la información que consideres relevante para cada categoría. De esa forma lograrás saber qué dijo una persona sobre un tema en particular.

Ahora bien, para realizar el análisis por categorías puedes apoyarte en una matriz de análisis similar a la empleada en el análisis documental (expuesta en el punto anterior), o bien, puedes desarrollar un texto con subtítulos que sean las categorías y elaborar una especie de discusión al respecto en la que incluyas citas de las respuestas de los entrevistados.

> Junto con el análisis de resultados debe haber una discusión donde se relacionen los hallazgos con la teoría, los objetivos del estudio o el estado del arte; este último con el propósito de saber si los resultados del estudio concuerdan o difieren con los encontrados por estudios anteriores.

Adicionalmente, te recomendamos que en el análisis de las entrevistas resaltes datos como las palabras que más utilizaron los entrevistados y las palabras que menos usaron o nunca mencionaron. También puedes incluir aspectos relevantes como el comportamiento que tuvieron los participantes durante el desarrollo de la entrevista, su disposición para responder, el manejo del tema consultado, y aquellos datos interesantes que mencionaron durante el proceso de realización de las entrevistas y que no esperabas obtener.

Finalmente, es importante que tengas en cuenta que, si bien existen varios programas especializados en análisis de datos cualitativos —como N6, Nvivo®, Atlas.ti®, AQUAD 5, Etnograph® 5, entre otros—, estos softwares no suelen ser gratuitos; es decir, incluyen una licencia remunerada y su uso requiere que se tengan ciertos conocimientos y habilidades para su manipulación. Por esa razón, para los estudios de pregrado recomendamos utilizar las dos técnicas mencionadas porque, a pesar de que son sencillas, permiten obtener los mismos resultados. Cabe mencionar que esto último no aplica si en la universidad les exigen el uso de uno de estos programas a los estudiantes.

Tesis con observación

💬 **"Si en mi tesis quiero hacer un estudio sobre el lugar y estatus de lo femenino en la cultura de un pueblo indígena y necesito obtener los datos de mi análisis del contexto de la comunidad, ¿qué tipo de análisis puedo emplear?"**

Una vez has delimitado el tema de estudio y la comunidad que deseas estudiar lo primero que debes hacer es identificar el tipo de investigación que vas a desarrollar, en este caso tu investigación corresponde a un estudio etnográfico.

El siguiente paso es determinar qué tipo de observación realizarás en la comunidad objeto de estudio, recuerda que esta puede ser: no participativa, con una participación pasiva, con una participación moderada, con una participación activa o con una participación completa.

Al identificar el nivel de interacción que tendrás con la comunidad, el siguiente paso es establecer una comunicación con los sujetos involucrados que pueden aportarte la información que necesitas para tu análisis. Asimismo, debes elaborar una guía de observación para que la inmersión en la comunidad y la recabación de la información sea efectiva. La siguiente tabla es un ejemplo de una guía de observación para este caso específico:

Tabla 4

Ejemplo guía de observación

Guía de observación activa	
Descripción del estudio:	
Fecha de la observación:	
Lugar:	
Observador(a):	
Fecha de inicio de la observación:	
Hora de terminación de la observación:	
Evento o situación que se registra:	
Edad:	
Nivel socioeconómico:	
Descripción de la experiencia de cumplir con el trabajo y el rol de madre al mismo tiempo:	
Comportamiento observado durante la experiencia de cumplir con el trabajo y el rol de madre al mismo tiempo:	
Ambiente familiar:	
Ambiente social:	
Redes de apoyo con las que cuenta la participante:	
Atributos de lo femenino y funciones sociales tradicionales observadas:	
Rasgos imprecisos de la diferenciación social de los géneros:	
Hora de inicio del trabajo:	
Hora de terminación del trabajo:	
Lugar al que se dirige después del trabajo:	
Acude al espacio de trabajo:	Sola: □ Acompañada de:
(Otras categorías):	
(Otras categorías):	
(Otras categorías):	
Observaciones finales:	

La guía te permite determinar: el número de participantes, llevar un registro del ambiente humano, social y físico de la población objeto de estudio, el contexto, describir las categorías establecidas y algunas que puedan surgir durante la observación y sea necesario incluirlas en el análisis, comprender y describir la realidad social, cultural, etc.; así como explicar las experiencias y dinámicas relacionadas con el tema de tu tesis, entre otros datos importantes que debas recopilar según el tema de tu investigación, la dimensión del estudio y la finalidad.

Tesis con análisis del discurso

🗩 **"Después de consultar varias alocuciones y declaraciones presidenciales, en dos periodos de gobiernos diferentes en las que se menciona a las víctimas del conflicto para elaborar mi tesis, veo que tengo demasiada información y no sé cómo organizarla para hacer el análisis ni cuál es el más adecuado para mi investigación"**

Antes de establecer las relaciones que existen entre las categorías que seleccionaste de la revisión de las fuentes consultadas, es necesario que organices toda información con base en el tipo de análisis que es afín a los objetivos de tu tesis. En este caso lo más apropiado es que utilices el análisis crítico del discurso para analizar cómo son nombradas las víctimas en los discursos oficiales de los mandatarios de los dos periodos de gobierno distintos.

Lo primero que debes hacer, de acuerdo con las categorías seleccionadas y el enfoque que tendrá tu análisis, es organizar los datos que encontraste en la revisión en forma de tablas, para lo cual puedes apoyarte con el uso de un programador como Atlas.ti® que te permite cuantificar las categorías según el uso que se les da en los discursos estudiados. Luego, esto te servirá de base para comprender cómo interactúan entre sí las categorías y qué asociaciones se pueden establecer, para así poder realizar el análisis y redactarlo.

Esta organización te permite recopilar la forma como es nombrada cada categoría, qué sentido se le da a su nominación en el discurso, con qué frecuencia aparece, y algunas expresiones que ilustran la representación simbólica que se les da en cada caso. En la siguiente tabla te mostramos un ejemplo de cómo se puede organizar la información para hacer un análisis del discurso. Cabe anotar que este tipo de análisis no solo puede incluir las formas de nominación de los actores sociales y la frecuencia con la que aparecen en el discurso, sino que también el conteo de otro tipo de subcategorías como el espacio asociado en el que son nombrados de esa forma, entre otros, lo que depende tanto de tu interés investigativo como de los objetivos trazados al inicio del estudio y el alcance del análisis.

Tabla 5

Nominación de actores sociales

Nominación de los actores sociales				
Nominación propia	**Actores sociales que se nombran en el discurso**	**Fr.**	**Actores sociales que son nombrados**	**Fr.**
Semiformal				
Funcional				
Afiliación				
Honorífica				
Nominación común	**Actores sociales que se nombran en el discurso**	**Fr.**	**Actores sociales que son nombrados**	**Fr.**
Funcional				
Valorativa				
Esencial				
Afiliación				
Honorífica				
Nominación retórica	**Actores sociales que se nombran en el discurso**	**Fr.**	**Actores sociales que son nombrados**	**Fr.**
Metonímica				
Metafórica				
Citación de los actores discursivos				
Formas de citación	**Actores sociales que se nombran en el discurso**	**Fr.**	**Actores sociales que son nombrados**	**Fr.**
Directa				
Indirecta				
Mixta				
Reiteración léxica				
Reiteración léxica	**Actores sociales que se nombran en el discurso**	**Fr.**	**Actores sociales que son nombrados**	**Fr.**

> Como se mencionó al comenzar este punto, las investigaciones documentales, correlacionales y aplicadas son las que generalmente incluyen como capítulo el Análisis de Resultados, por esta razón, la explicación se basó en casos relacionados con estos tipos de investigación.

Para el caso de otras investigaciones cuya metodología sea diferente a las aquí mencionadas —un ejemplo de estas pueden ser los análisis descriptivos que emplean la revisión documental, no de información teórica, sino en forma de cifras o datos numéricos—, debes construir un documento cuyo desarrollo capitular logre describir la esencia del tema investigado y te permita darle solución al problema planteado. Si este es tu caso te recomendamos dirigirte al Apéndice 2, donde dejamos algunos ejemplos de temas de tesis con su respectivo desarrollo capitular, para que ayudarte a identificar a cuál de estas se asemeja tu investigación.

Discusión de resultados

La sección de Discusión te da la oportunidad para expresar tus argumentos acerca del tema estudiado, comparar los hallazgos que obtuviste con los de las investigaciones que presentaste en la sección de antecedentes o con las teorías que incluiste en el marco teórico, así como también explicar si los hallazgos fueron los esperados o si hubo algún resultado inesperado, y expresar lo que aprendiste en el proceso investigativo.

- ¿Qué aporte hacen nuestros resultados a la revisión bibliográfica que expusimos en los primeros capítulos?

- ¿Con qué autores, teorías o conceptos se alinean, corrobora o contradicen nuestros resultados?

- ¿Qué limitaciones o hasta dónde pueden ser aplicables nuestros resultados con base en la metodología, la muestra o el tiempo que le hemos dedicado?

- ¿Qué posibilidades se abren con base en nuestros resultados para seguir investigando en el futuro?

💬 "¿Qué no debo incluir en la discusión?"

En la construcción de tu capítulo de Discusión siempre debes evitar lo siguiente:

- Repetir los resultados obtenidos.

- Incluir las conclusiones y recomendaciones de la tesis, dado que estas se ubican en la siguiente sección y la idea es no repetir.

- Hablar de resultados que no incluiste en la sección de Resultados.

- Especular, es decir, hacer deducciones sin tener las bases necesarias para afirmar uno u otro argumento.

- Si tu investigación tiene un enfoque cualitativo no debes dividir la presentación de tus resultados y el análisis de estos en dos capítulos, porque en este tipo de investigación los resultados se presentan junto con el análisis o en los dos o tres capítulos que estructuran la tesis.

En las investigaciones cuantitativas la sección de Resultados incluye la presentación de los datos experimentales, pero dado que estos solo se consideran en la investigación cualitativa a modo de tablas o gráficas complementarias —en las cuales se organiza la información, el análisis y la discusión en la investigación cualitativa—, el capítulo debe incluir tanto la explicación de los resultados en forma narrativa (palabras) como el cotejo de estos con el marco conceptual y teórico que se abordó previamente.

En las investigaciones cualitativas en el capítulo de Resultados y Discusión se incluyen todas las unidades de análisis consideradas en el estudio, pero no solo se deben exponer narrativamente los hallazgos obtenidos de la investigación, sino también el análisis que hace el investigador sobre estos, qué significado tienen y qué reflexión se puede derivar de estos. Ello significa que el apartado debe contener una descripción y un análisis detallado de la situación, el contexto, el escenario, el evento o el fenómeno estudiado, así como de los sujetos individuales o colectivos que participaron de forma activa o pasiva en el estudio y demás categorías, conceptos, teorías e hipótesis consideradas. Todo ello se relaciona en un mismo apartado para dar el contexto general de los hallazgos a los que se llegó con la investigación.

La sección de Discusión debe permanecer enfocada en los hallazgos de su estudio. Por ejemplo, si el propósito de su investigación fuera medir el impacto de la ayuda exterior en el aumento del acceso a la educación entre los pobres en Bangladesh, no sería apropiado especular sobre cómo sus hallazgos podrían aplicarse a las poblaciones de otros países sin basarse en los datos existentes. estudios para respaldar su afirmación o si el análisis de otros países no formaba parte de su diseño de investigación original. Si se siente obligado a especular, hágalo describiendo las posibles implicaciones o explicando los posibles impactos. Asegúrese de identificar claramente sus comentarios como especulaciones o como una sugerencia de dónde se necesita más investigación. A veces, su profesor lo alentará a expandir su discusión sobre los resultados de esta manera. (Azar, 2006, párr. 53)

Por ejemplo:

- Los resultados encontrados en el presente estudio contradicen lo expuesto por Marshall (1985) …

- Los hallazgos concuerdan con los resultados del estudio de Rodríguez y Cuazrzo (2014), quienes…

- Los datos encontrados contribuyen a una explicación más clara del problema de…

- Contrario a lo esperado, según la hipótesis planteada, luego de analizar los resultados se encontró que…

- La cuarentena fue una limitación, en la medida en que no se alcanzó a aplicar la encuesta a toda la muestra, por eso recomienda…

- Los estudios futuros pueden tener en cuenta…

A continuación, te dejamos una lista de Verificación para la discusión, la cual fue creada por Shona McCombes:

- ✓ Los hallazgos más importantes se han resumido de forma concisa.

- ✓ Los resultados se han discutido e interpretado en relación con los objetivos de la investigación.

- ✓ La discusión está ordenada lógicamente para mostrar patrones o temas entre los datos.

- ✓ Las preguntas de investigación han sido respondidas.

- ✓ Se ha citado literatura y la teoría relevante.

- ✓ Se han considerado explicaciones alternativas de los resultados.

- ✓ Se han expuesto las implicaciones prácticas y/o teóricas.

- ✓ Se ha reconocido y evaluado cualquier limitación de la investigación.

- ✓ Se han hecho recomendaciones relevantes para futuras investigaciones o acciones.

- ✓ Se ha enfatizado la importancia de los resultados (McCombes, 2020).

Lo que queremos decirte es que no es necesario que te conviertas en un experto en metodología de la investigación para hacer tu tesis, con unas nociones generales y prácticas que aborden los temas más relevantes para ti, es suficiente. Tal vez tus planes para tu vida futura no estén relacionados de ninguna forma con la investigación, y si tienen están vinculados con la investigación seguramente ya habrá más tiempo para estudiar a profundidad la metodología de la investigación, recuerda que ahora tienes un objetivo: graduarte. El primer paso para empezar a cumplir tus sueños profesionales, no te compliques, no es necesario. Parafraseando a Küppers (2016) hacer la tesis es simple, pero no fácil.

Por eso, no trates de complejizarla, en lo que debes volverte un experto ahora es en tu tema de investigación, porque de este sí dependerá el éxito de tu trabajo de grado. Estudia todo lo que puedas sobre tu tema, de manera que el contenido de tu tesis sea fenomenal, y aprende por el momento lo necesario sobre metodología de investigación. Por ejemplo, si tu tesis es un estudio cuantitativo, no dediques horas o días a aprender sobre métodos cualitativos o cuáles son las diferencias más profundas entre estos dos enfoques, esto no te servirá para tu tesis, a menos que lo leas como parte de tu formación diaria porque quieres ser un investigador; pero, incluso así, hazlo en un tiempo distinto al que tienes destinado a la realización de tu tesis o a la lectura de temas relacionados con esta, no ocupes ese tiempo que previamente habías definido para ello en leer cuestiones que no le aportarán nada a tu proceso.

#QuedateEnCasa   7:01 a. m.   20 %

Comentarios   Listo

8.856

Carmen Cecilia Reyes Pulido
Muy importante gracias   1
4 años   Me gusta   Responder

David Zuñiga Orihuela
Necrsaria la, recomendación   1
4 años   Me gusta   Responder

Caridad Alvarenga
Gracias, muy útil en la vida profesional
. se los enseñare a mis alumnos.
4 años   Me gusta   Responder   1

Renier Montiel
para cuando la segunda parte ? Se
requieren más aportes de este tipo en
las redes y en todos lados. Esto tiene
que ser un aporte masivo a la
sociedad para que sea de gran
impacto y cree conciencia en las
masas.
4 años   Me gusta   Responder   16

Autor

Comentar como UVR correc...   GIF

Capítulo 5. Conclusiones y recomendaciones

Conclusiones

El apartado de Conclusiones comprende *una reflexión final acerca del trabajo previamente realizado*, este constituye la última parte del contenido de la tesis y representa el discurso de cierre de la investigación. Por ello, las conclusiones deben contener los elementos necesarios y suficientes para dejar claro cuáles fueron los resultados obtenidos en el trabajo y el procedimiento seguido para su desarrollo, así como si se cumplieron o no los objetivos y también debe dejarle claridad al lector sobre las características generales de la investigación realizada.

Considerando lo anterior, para que el capítulo de las conclusiones quede redactado de la mejor manera debe cumplir con cuatro puntos fundamentales, los cuales se mencionan a continuación:

1. Por cada objetivo específico que se planteó en el trabajo debe existir una conclusión cuya extensión mínima debe ser de un párrafo, así el lector podrá ver claramente si se cumplió con el objetivo y a qué resultados se llegó.

2. No debe mostrarse información que no se haya planteado en el cuerpo del trabajo, es decir, no es correcto escribir temas nuevos en este punto.

3. Es necesario escribir un párrafo introductorio para iniciar, a fin de que el lector se contextualice y, posteriormente, pueda adentrarse en el cuerpo de la conclusión.

4. Debe tener una extensión moderada. El número de páginas que recomendamos es entre 1 y 4 cuartillas, de ese modo el investigador no se quedará corto al plantear las conclusiones de su estudio, a la vez, evitará escribir más de la cuenta y dificultar el proceso de lectura y el entendimiento de este apartado o, peor aún, convertirlo en otro capítulo. De acuerdo con Eby (2013), en general, una conclusión debe representar entre el 5 % del conteo total de palabras; es decir, si tu tesis tiene 20 000 palabras en total, tus conclusiones deberán tener aproximadamente 1000 palabras.

Si lo deseas puedes terminar las conclusiones con una pregunta provocadora, una advertencia o una llamada a la acción para el lector. A continuación, exponemos un ejemplo de ello:

Las conclusiones deben estar estrechamente relacionadas con los objetivos específicos:

Ejemplo 1:

Objetivo específico 1

- Diseñar un Manual Interno de Consultas para futuros practicantes de la empresa Libertadores Holding.

Conclusiones: el Manual Interno de Consultas se creó satisfactoriamente luego de hacer los respectivos estudios a nivel organizativo. Se implementará a partir del próximo año en la empresa. Está dirigido a practicantes y aprendices de la empresa que pretendan...

Ejemplo 2:

Objetivo: cuantificar el volumen de estudiantes universitarios que utilizan el sistema de transporte público versus los que utilizan plataformas colaborativas (UBER, Cabify) para ir al campus en Santiago de Chile.

Conclusiones: el análisis de los datos de la encuesta realizada en este proyecto muestra que el uso del sistema de transporte público por parte de los estudiantes para ir al campus se ha reducido en un 35 % en los últimos tres años. Se recomienda el mejoramiento de las condiciones técnicas de...

Recomendaciones

💬 **"¿Qué significa recomendar en la tesis? ¿A quién le debo recomendar algo?"**

La sección de Recomendaciones constituye un ítem que va de la mano con el apartado de las Conclusiones de la investigación, en algunos casos, las conclusiones y las recomendaciones se redactan de tal forma que no se hace distinción entre unas y otras.

En este apartado de la tesis el investigador condensa las sugerencias que se originaron durante el proceso de realización del estudio, y que no se incluyeron como parte del texto final. Aquí debes preguntarte qué te gustaría que hicieran tus lectores cuando hayan leído tu tesis, ¿quieres que realicen una determinada acción o investiguen más a fondo?, ¿hay algún problema más importante relacionado con el tema de tu tesis sobre el cual quieres que profundicen?

En este orden de ideas, puedes destacar lo oportuno de continuar investigando el tema que abordaste en tu tesis, y aquellos puntos relacionados con este que se podrían complementar en estudios futuros y que no se incluiste en tu investigación, ya sea por el enfoque que escogiste, por limitaciones en su desarrollo, por su alcance o por circunstancias específicas a la hora de realizar la tesis, pero que en el futuro representarían nuevos enfoques del mismo tema.

💬 **"¿Qué debo incluir en las recomendaciones?"**

Para que las recomendaciones de tu tesis sean un punto de interés y tengan validez académica, te sugerimos redactarlas teniendo en cuenta la siguiente clasificación:

- **Recomendaciones desde el punto de vista metodológico:** las recomendaciones de este tipo señalan la posibilidad de realizar nuevas investigaciones que trabajen el mismo tema de tu tesis, pero utilizando otras metodologías, con un mismo método y con diferentes instrumentos, o con la misma metodología, pero aplicada a diversos campos del saber.

- **Recomendaciones desde el punto de vista académico:** el fin de estas recomendaciones es invitar a otros investigadores, colegas y compañeros de la institución a que continúen con el estudio del tópico que seleccionaste para tu tesis, para lo cual es fundamental que menciones su importancia. De igual manera, puedes detallar algunos puntos para mejorar en la academia al respecto.

- **Recomendaciones prácticas:** cuando la investigación se aplica a una organización, población, sector de la economía u otro tipo de ente, es pertinente que se planteen algunas recomendaciones orientadas a dicha entidad o grupo poblacional. Este tipo de recomendaciones pretenden que se corrijan elementos puntuales, incluyen la propuesta de realizar mejoras o nombran algunos aspectos relevantes en la propuesta planteada en la tesis.

En últimas, este apartado consiste en sugerir qué se debe hacer, quién lo hará y cómo o cuándo debe hacerse con base en los hallazgos de la tesis.

Para finalizar, es menester señalar que este apartado debe ser conciso, es decir, solo debes mencionar lo necesario y no debe ser muy extenso –una página aproximadamente y en cada párrafo se aborda algo específico–. Puedes utilizar cualquiera de las tres clases de recomendaciones expuestas, todo depende de la naturaleza de tu estudio y de la pretensión que tengas en cuanto que investigador.

¡No olvides la revisión final!

Al terminar la redacción del documento final de tu tesis debes realizar una revisión general de cada apartado que escribiste y verificar si cada uno de estos está bien construido. De ese modo, con esta última revisión, podrás eliminar todos los posibles errores que hayas pasado por alto en la anterior corrección o modificación que le realizaste al texto, y lograrás recibir una mejor calificación en la evaluación que tu tutor o los jurados realicen de tu investigación. Y, por supuesto, así también tendrás menos aspectos por corregir para la entrega final.

En UVR correctores de textos hemos creado una lista de verificación o *checklist* que puedes seguir paso a paso. La lista contiene varios aspectos en los que los tesistas cometen errores comunes en cada una de las partes de la tesis, por lo que en ella encontrarás puntos de verificación que podrás aplicar desde el título de tu investigación hasta el capítulo de los anexos. En cada parte incluimos los enunciados clave que debes comprobar en el documento, para verificar si realmente está listo para que lo presentes o si, por el contrario, aún debes mejorar algún punto.

Es muy importante que tengas en cuenta esta lista de verificación, pues siguiéndola podrás ahorrar tiempo al momento de pasar a la revisión final y también lograrás minimizar las correcciones finales tanto de tu asesor como de los jurados.

Aún más, la *checklist* de puntos de verificación que hemos elaborado te puede servir como guía u orientación para que revises tu trabajo y minimices las últimas correcciones antes de pasar a la sustentación de tu tesis o de hacer la entrega final del documento en tu programa académico; pues muchas veces, aun cuando tu asesor o los jurados ya han aprobado tu trabajo y solo te hace falta la sustentación, estos pueden indicarte algunas correcciones finales sobre errores mínimos, pero importantes, en cuanto a la redacción, el formato, la ortografía, las normas o la gramática en tu trabajo. Esto lo hacen con el fin de asegurar que todas las tesis cumplen con los requisitos de contenido, formato y normas solicitados, y así finalmente la institución pueda subir los documentos de las investigaciones que realizan los estudiantes a los repositorios de la universidad.

La *checklist* que te compartimos la hemos construido basándonos en todos los consejos que te brindamos en este manual. Estamos seguros de que esta será una herramienta de gran utilidad para ti, consúltala y utilízala siempre que la necesites.

Recuerda:

Si tienes la certeza de que cada uno de los capítulos que estructuran tu tesis cumple con los requisitos estándares o los que te solicita tu universidad en cuanto al formato, el contenido y las normas de citación, tendrás la seguridad que todo tesista necesita para presentarla finalmente ante el programa académico y acercarte cada vez más al momento que esperas: tu graduación.

Al seguir el siguiente código QR podrás descargar el archivo en PDF que contiene la *checklist*:

#QuedateEnCasa 7:00 a. m.
Comentarios
Listo
544
Raúl Antonio López Zarco
Gracias por captar en estas diapositivas muchos buenos consejos que a fin de cuentas son herramientas de apoyo
4 años   Me gusta   Responder
Autor
UVR correctores de textos
Con muchísimo gusto
4 años   Me gusta   Responder
Responde como UVR correctores de textos
Mariann Colman
De esto te hablaba Veronica Mendez, Veronica Mendez
4 años   Me gusta   Responder
Daniel Rojas Padilla
Gracias Nixbely Teran
4 años   Me gusta   Responder
Comentar como UVR correc...   GIF

Parte IV. Consideraciones finales

Queremos compartir unos consejos finales que debes tener en cuenta para terminar la tesis definitivamente. En este capítulo hallarás cuatro artículos que te serán de mucha ayuda en el proceso y te permitirán ser más productivo, tener menos correcciones y siempre estar motivado para cumplir con este gran propósito que te llevará a obtener tu título.

¿Cómo minimizar las correcciones del asesor?

De acuerdo con Carter (2008) y Golding (2017), el truco más sencillo para que tu tesis gane credibilidad y tu asesor desee leerla hasta el final consiste en tener bien estructurados el primer y el segundo capítulo, especialmente si estos dos apartados corresponden a la Introducción y al Marco teórico. Esto significa que debes esforzarte en desarrollarlos de la mejor manera.

Como en la vida, en la tesis la primera impresión también cuenta. Los asesores emiten una opinión sobre la calidad de tu tesis cuando han leído las primeras páginas de esta, y esa primera impresión determina la forma como leerán el resto de la investigación. Así pues, si tienen una buena impresión de estas primeras páginas, seguramente la lectura de tu trabajo será agradable para ellos y disfrutarán del resto del documento; pero si encuentran errores e inconsistencias se disgustarán y encontrarán más errores, lo que derivará en una mala calificación general.

Para ayudarte a manejar las situaciones que pueden surgir por las correcciones de tu asesor, a continuación, te dejamos estas cuatro recomendaciones para que puedas lidiar con estas en el proceso.

1. Acepta las correcciones de tu asesor.

Esta recomendación es para ti si el momento de asistir a una sesión con tu tutor para evaluar tu progreso en la tesis y los avances que has realizado te causa mucho estrés, ansiedad y preocupación: acepta lo inevitable.

Es casi imposible que un director o tutor de un trabajo de grado, en especial en el nivel académico de pregrado donde estamos realizando nuestra primera investigación, al leer nuestro documento no tenga ningún comentario que hacernos, ya sea una recomendación o una corrección para mejorar uno o varios puntos de la tesis, en metodología, contenido, redacción, normas, etc. Recibir comentarios del asesor o del jurado en las entregas parciales del trabajo de grado es algo normal y nos ocurre a todos los tesistas de cualquier nivel académico.

Es muy importante que tengas presente este consejo a lo largo de todo tu proceso para que las preocupaciones desaparezcan, o al menos logren disminuir. No puedes eludir las recomendaciones y correcciones de tu asesor o del jurado, dado que estas forman parte del proceso, no luches contra lo inevitable.

Tip UVR: respira profundo y ponte en la tarea de aceptar lo más pronto que puedas este desafío. Si recibes pocas correcciones y solo debes hacer unos cuantos cambios para la próxima entrega ¡maravilloso!, sonríe y agradece por ello. Si te piden hacer muchos cambios ¡tranquilo!, no será el fin del

Una vez hayas aceptado que necesitarás unos cuantos días para trabajar en tus avances, corregir las anotaciones que te hicieron y hacer algunos ajustes para poder terminar tu tesis, podrás pasar a la acción que es lo más importante.

2. Convierte a tu asesor de tesis en un aliado

No en todos los casos los tesistas tienen una buena relación con su asesor de tesis, pues a veces ocurre que queremos trabajar un tema y el único experto o conocedor de este en nuestra universidad es ese profesor con el que nunca hablamos o con quien no tuvimos una buena relación durante el curso de la carrera, o también pueden surgir problemas debido a que en ocasiones los estudiantes no llegan a estar de acuerdo con las correcciones de estos sobre su trabajo. Si te encuentras en alguna de estas situaciones recuerda que siempre será un buen momento para cambiar ese hecho y cuán importante es el papel de tu asesor en tu trabajo, es mejor que conviertas a tu asesor de tesis en un aliado.

Tu tutor puede ayudarte más de lo que crees. Cuando debes hacerle algunas correcciones a tu trabajo de grado, él puede explicarte mejor en qué consisten en caso de que no entiendas alguna de las sugerencias, incluso puede ayudarte a hacer las correcciones proporcionándote las herramientas que necesitas para esta tarea. Por eso lo más recomendable es que trates de tener la mejor relación con tu asesor y lo conviertas en tu aliado, mas no alguien con quien no te llevas bien. Recuerda lo importante que es su papel en tu proceso y para la terminación de tu tesis.

Tampoco es recomendable que discutas con tu asesor por las correcciones que te pide hacer sin antes haberlas revisado a profundidad, para identificar si son pertinentes y si tiene razón o si cambian aspectos importantes de la tesis que defiendes en tu trabajo. Ten en cuenta que muchas veces los cambios que debes hacer son sencillos, por lo que sería un verdadero desgaste discutir con tu tutor por la pertinencia o no de esa sugerencia, además, gastarías más tiempo y esfuerzos en ello que aplicándola en tu trabajo.

> **Tip UVR:** a menos que al hacer la corrección o aplicar la sugerencia de tu tutor cambie el sentido de tu trabajo, o si consideras que después de hacer una minuciosa revisión de las correcciones esos cambios podrían afectar tu trabajo o tu postura de alguna manera, acepta sus recomendaciones.

Por otra parte, también es importante que tengas en cuenta que puede presentarse la posibilidad de que debas cambiar de tutor, esto en un caso extremo. Por ejemplo, si los principios o la postura de tu asesor de tesis no son compatibles con los tuyos, en caso de que no se entiendan y no se lleven bien, si no te parece correcta su forma de trabajar, o si no han podido resolver las diferencias que tienen y cada vez desmejora más la relación tutor-alumno. No obstante, por regla general lo mejor es seguir las sugerencias y recomendaciones que realiza el asesor.

3. Realiza una corrección a la vez

En el momento en que el asesor nos hace las devoluciones de nuestro trabajo, si vemos que hay muchos aspectos por corregir o hay nuevas sugerencias sobre información que debemos agregar es normal que nuestra mente se bloquee y no sepamos por dónde ni cómo empezar; más aún en los casos donde se estipulan fechas de entregas parciales del documento. Para evitar este bloqueo, el estrés y la ansiedad que ello puede generarnos lo ideal es no leer ni hacer todas las correcciones de inmediato.

Tip UVR: sigue estas dos reglas.

→ No pases a otra corrección sin antes haber resuelto la anterior.

→ Si hay una corrección o sugerencia que no entiendes, o no sabes cómo realizar el cambio que te pide el asesor, puedes dejarlo pendiente. Resalta el texto que debes corregir con un color de tu preferencia o cámbiale el color a la fuente

Lo recomendable en esos casos, cuando son muchas correcciones, es ir leyendo cada sugerencia e irlas resolviendo al mismo tiempo; es decir, leer cada punto y hacer corrección por corrección. Comienza por la primera página, lee las correcciones que te hicieron en esa parte y resuélvelas, cuando hayas terminado pasa a la segunda página y vuelve a realizar el mismo proceso, así sucesivamente.

4. Pide ayuda

Esta recomendación se relaciona directamente con la anterior. Te llevará menos tiempo realizar las correcciones y será mucho mejor si pides ayuda cuando hay algo que no entiendes.

> **Tip UVR:** si no comprendes una sugerencia o corrección, busca a tu director de tesis y pídele que te explique mejor. Si él no logra brindarte la ayuda que necesitas y aún sigues sin entender, busca a una persona cercana que conozca del tema o crees que sepa de este, un familiar, un amigo o un compañero de clase; incluso puedes pedirle ayuda a otro docente de tu

El tiempo es esencial si quieres terminar pronto tu tesis. Cuando tratas de entender sin ayuda de nadie la idea de otro autor que tu director de tesis te sugirió agregar o de hacer un cambio basado en una corrección que no logras comprender, destinarás mucho tiempo en ello, el cual pudiste haber empleado en la realización de otra tarea para tu tesis o los cambios sugeridos. Mejor pide ayuda, es una gran opción para que no pierdas tanto tiempo tratando de entender las recomendaciones.

¿Por qué debes dedicarte solo al contenido de tu tesis?

En la actualidad es posible encontrar muchas plataformas como YouTube donde interactúa una gran cantidad de usuarios que nos ofrecen enseñarnos cómo hacer una u otra tarea, allí podemos encontrar cómo hacer desde las actividades más sencillas hasta las más complejas, y todo ese aprendizaje lo tenemos al alcance de un clic. Este tipo de interacción cada vez es más frecuente y reproducida por miles de personas que suben contenido a estas plataformas, tanto expertas en los temas que comparten como la comunidad en general que solo desea compartir información. Y, ¿cuál es el fin de compartir todo este contenido?, que las personas scan multitareas, lo que parece ser algo muy positivo.

Sin embargo, recientemente se ha demostrado que especializarse o centrar la atención en una tarea a la vez, y no en varias al mismo tiempo, genera un aumento en la productividad, la eficiencia y el desempeño de las personas. De ahí la importancia de que dediquemos nuestros esfuerzos y atención a aquellas tareas en las que somos buenos, porque asumir esta actitud nos ayudará a lograr con más rapidez los objetivos que nos trazamos en el corto plazo para alcanzar satisfactoriamente las grandes metas que tenemos a largo plazo y que requieren del logro de esos objetivos o pequeñas metas.

Darnos cuenta de esto nos ha motivado a escribir este libro, porque queremos ayudar a los tesistas a especializarse en aquella tarea que en el momento de culminar la carrera es la más importante, que no es otra distinta a desarrollar su trabajo de grado y redactar su tesis.

Te invitamos a pensar por un momento en ¿cuánto tiempo crees que has empleado en buscar en YouTube o en Google cómo aplicar correctamente las Normas APA o cualquier otra norma de citación, y has terminado agotado porque debes buscarlas una y otra vez cada vez que insertas una nueva referencia?, o ¿cuánto has tardado buscando un buen tutorial que te ayude a solucionar los problemas de formato que tiene el documento de Word en el que estás trabajando?, o ¿cuántas veces has tenido que arreglar tu tabla de contenido porque se desajusta?, ¿cuánto tiempo has empleado borrando los espacios dobles en blanco que tiene el documento de tu tesis, o buscando la función que cumple cada conector discursivo? Seguramente han sido muchas horas.

Todo ese tiempo puedes destinarlo en leer, investigar, consultar y analizar documentos, artículos y libros que te serán de gran ayuda para desarrollar tu investigación, redactar la parte que te corresponde del trabajo de grado (si es un trabajo conjunto) y culminar tu carrera. Si te dedicas únicamente a elaborar el contenido de tu tesis tu productividad aumentará considerablemente, se puede decir que 2 horas enfocadas a la investigación de tu tesis son más significativas y fructíferas que 8 horas investigando cómo hacer las citas, cómo hacer el índice, googleando cuántos renglones debe tener un párrafo, cómo insertar un salto de página, entre otras tareas.

Lo más recomendable cuando los tesistas tienen algún problema relacionado con el formato de su trabajo de grado, algunas reglas gramaticales, las normas de citación, etc., es dejar estas tareas en manos de un corrector de estilo, una persona que se especializa y tiene conocimientos en ortografía, gramática, sintaxis y otros temas lingüísticos.

Algunos tesistas pueden sentir temor porque piensan que solicitar el servicio de un corrector de estilo le restará méritos a su investigación o al trabajo que han realizado; no obstante, la tarea de los correctores de estilo se centra en lograr que la presentación del trabajo sea adecuada y conforme a los criterios de presentación que ha solicitado el tesista o la universidad y en corregir los errores ortográficos, gramaticales y sintácticos que haya quedado en el documento final de la tesis. Incluso los mejores escritores en todo el mundo solicitan el servicio de un corrector de estilo para la revisión de sus textos antes de presentárselos a una editorial, al igual que los mejores investigadores; pues la revisión de un corrector de estilo realza el nivel académico y narrativo de los textos, y también aumenta el rigor del proceso de escritura con una excelente presentación.

Si lo hacen los grandes escritores, investigadores y científicos, ¿por qué no lo haría un tesista? Hay quienes piensan que este servicio suele ser costoso y, en efecto, para los escritores y los científicos el precio que tiene la corrección de estilo y ortotipográfica es relativamente alto; sin embargo, nuestra empresa, UVR correctores de textos, se dedica de manera preferencial a los tesistas por lo que las tarifas del servicio son totalmente asequibles, pues nos ponemos en los zapatos de los estudiantes que normalmente tienen un bajo presupuesto.

Dedicarse de manera exclusiva a elaborar el contenido de la tesis y profundizar en lecturas que contribuyan al desarrollo de la investigación es una condición indispensable para terminar la tesis en un mes. Si el tesista se dedica a cuestiones diferentes al contenido de su tesis, es imposible que lo haga en este tiempo, además, descuidará la calidad del contenido de la tesis.

Para finalizar, te invitamos a que apliques plenamente los consejos que aparecen en esta guía para que termines tu tesis en tiempo récord y con alta calidad, luego contáctanos para colaborarte con los aspectos de estilo y con las Normas APA, Vancouver, Icontec u otras.

Terminar la tesis también tiene un componente mental

En este artículo te traemos un concepto sencillo pero poderoso y es el componente mental de la tesis al que nos referimos en el título de este: *estar enfocados*. Si en realidad quieres tu título profesional debes salir a buscarlo y mantenerte enfocado como si tu "yo" del futuro dependiera únicamente de ello, porque en efecto es así.

Mantenerse enfocado es decir adiós de manera temporal a las fiestas y las distracciones para sentarte a trabajar en tu PC y avanzar lo más que puedas en cada jornada en tu tesis. Significa correr el riesgo de que algunas personas de tu círculo más cercano te tilden de asocial y te pregunten "¿por qué tantas horas frente a un PC o en la biblioteca?", a lo que tú debes responder: "Porque quiero obtener mi título".

Mantenerte enfocado en tu tesis hará que aceleres la consecución de tu diploma y, por tanto, la posibilidad de lograr tu sueño. Ello implica de nuestra parte muchos sacrificios y determinación, esto es, dejar a un lado cosas que nos hacen desviar la vista de nuestro objetivo para poder alcanzarlo, y esas cosas comprenden desde algunas actividades divertidas hasta actitudes muy arraigadas. Por ejemplo, una actividad que debes dejar de lado es revisar las redes sociales con frecuencia, y una actitud que debes cambiar es quejarte todo el día y decir que "hacer la tesis es algo terrible".

El sacrificio, en este caso, es un indicador de progreso en dirección a tus sueños. Los sueños requieren de sacrificios. Nadie tiene derecho a que su tesis sea aprobada, ni tiene derecho a sus sueños; todos tenemos que luchar por ese sueño para poder hacerlo realidad.

No estamos seguros de cuánto tiempo nos tomará terminar la tesis haciendo estos cambios en nuestras rutinas. Pero de lo que sí estamos seguros es que será menor el tiempo que te tomará terminar tu investigación y obtener tu título, y que el precio que vas a pagar por procrastinar tu tesis es mucho más grande que el que vas a pagar por enfocarte y terminarla.

Estamos hablando de que debes enfocarte en tu tesis durante un tiempo mínimo de 3 a 5 meses. Si no podemos mantenernos enfocados en la consecución de un proyecto tan personal como este por 5 meses como mínimo puede suceder que en el futuro no tengamos una vida llena de logros, sean estos pequeños o grandes, porque los objetivos planteados los cumpliremos de manera mediocre o todos los proyectos que asumamos los abandonaremos y dejaremos a medio terminar. No estamos hablando de 10 años o 5 años que lleva construir un gran proyecto de mucha trascendencia.

Y en este punto también queremos hablarte de una dolorosa verdad y sobre el porqué la mayoría de los estudiantes no logra graduarse más rápido y terminar su tesis en el tiempo previsto. Cabe aclarar que ello no se debe a que sean holgazanes o no sean lo suficientemente competentes en términos académicos, sino porque la tesis no es un juego fácil; hacer la tesis es simple, pero no fácil, porque significa escribir un documento que requiere de nuestra atención y dedicación para materializarlo. En consecuencia, no te puedes dar el lujo de ser lento e indisciplinado para terminarla.

Si lo que tú quieres es graduarte pronto para obtener tu título y entrar al mundo laboral debes ser implacable y volverte un ejecutor. Actúa como si tuvieras prisa, aunque en realidad tengas bastante camino por delante; recuerda que debes ser veloz en lo micro y paciente en lo macro. Ahora, si eres una persona relajada y quieres estar tranquilo este no es un escrito para ti.

Ser disciplinado con el proceso de tu tesis implica ser respetuoso de tu cronograma y tu planeador. Significa que, si ayer no pudiste avanzar en tu tesis por una razón de peso, hoy debes hacer el doble del trabajo que te correspondía en este día, porque respetar el cronograma es respetar a la persona que lo hizo, es decir, a ti mismo.

No se trata de competir con otros, pero si de algo te sirve, parafraseando a Jack Ma, debes saber que hay personas con menos talento e inteligencia que tú que ya aprobaron su tesis. Tardar muchísimo tiempo en terminar la tesis terminar no es cuestión de suerte, contactos, talento o cualquier otra excusa, salvo excepciones. No hay de otra, o eres una persona con muchos logros o eres una persona con muchas excusas: "mi asesor no contesta", "no sé citar con formato APA", "no encuentro estudios que aborden este tema", "no tengo tiempo", etc. Si siempre te inventas excusas dejarás de avanzar con la tesis y tardarás más de lo previsto en terminarla. La buena noticia es que para todo eso hay soluciones.

> **Tip UVR:** si tu asesor no contesta, puedes exigirle que revise tu trabajo de grado, al fin y al cabo, eres tú quien paga su sueldo. Si no sabes cómo citar correctamente, puedes buscar a alguien que te ayude a citar con el formato APA o el que te exija tu universidad. Si no encuentras muchos trabajos que aborden el tema, en Google Académico encontrarás un mar de estudios publicados con alto rigor académico y en muchos temas. Si no has podido encontrar el libro que necesitas para sustentar la tesis de tu trabajo porque es difícil de encontrar en el medio digital o porque solo está en formato físico y no

Recuerda que el día tiene 24 horas y lo que separa a las personas brillantes y diligentes de las demás es lo que hacen con su tiempo extralaboral y extraacadémico. Por tanto, la buena noticia es que al aceptar que en cuanto a disciplina tienes mucho por mejorar, puedes llegar a convertirte en la persona que quieras ser.

Comienza el día preguntándote: "¿Cómo puedo avanzar hoy en mi tesis más que y mejor que ayer?", "¿estoy poniendo suficiente energía y esfuerzos en hacer mi tesis?", "¿estoy trabajando lo suficientemente duro en mi tesis?". Sé sincero contigo mismo al preguntarte si estás progresando o no, al hacerlo te tomarás con mayor responsabilidad y seriedad el estudio y la consecución de tu proyecto de grado. Concéntrate en eso.

Otro tema del que queremos hablarte es que si cansado de sentirte estancado en el desarrollo de tu tesis y, en realidad, quieres ver avances diferentes, es necesario que cambies lo que has venido haciendo hasta ahora. Piensa ¿qué puedes hacer para marcar la diferencia? Si no te gusta la velocidad con la que estás avanzando, te proponemos cambiar tus horarios y hábitos de trabajo; y si aun así crees que no es suficiente vuelve a cambiarlos, está en tus manos. Con el nivel de tecnología actual es posible cambiar patrones de comportamiento que se consideran innatos e inmodificables, por ejemplo, si no puedes concentrarte puedes descargar una de las tantas aplicaciones que favorecen la concentración. Todo esto nos muestra que con el paso del tiempo solo habrá dos escenarios: o tienes muchas excusas o tienes tu tesis finalizada.

> Una clave muy importante para estar motivado y terminar la tesis:
> **Ten claro tu *porqué*.**

En cierta ocasión se conoció la historia una joven que soñaba con hacer parte del equipo olímpico de natación de los Estados Unidos, el trabajo que hacía para lograr su meta consistía en levantarse todos los días a las 4:00 a. m. para practicar antes de irse al colegio, y cuando llegaban los fines de semana también pasaba sus sábados y domingos entrenando en la piscina de la localidad sin asistir a fiestas. Cuando le preguntaron qué era lo que la impulsaba a hacer tal sacrificio, ello solo dijo sencillamente: "Lo hago por mí misma y por la gente que amo, es mi motor para superar sacrificios" (Kiyosaki, 1997, p. 174).

Con esta historia queremos resaltar lo que hemos estado comentando a lo largo de este artículo y es la importancia de definir uno o un conjunto de propósitos grandes que se conviertan en nuestro *porqué* para alcanzar nuestras metas, en este caso estos propósitos se convertirán en tu *porqué* para terminar la tesis. Ello hará que muevas montañas para lograrlo y será tu combustible cuando sientas que ya no tienes energías para seguir trabajando en tu escrito.

¿Cómo vencer la procrastinación?: seis métodos

En la mayoría de las instituciones de educación superior se incluyen uno o dos semestres, o una asignatura que todo estudiante matriculado debe cursar en los dos últimos periodos académicos para comenzar a elaborar y también presentar el documento final de la tesis, puesto que un año se considera un tiempo adecuado para llevar a cabo todo el proceso de investigación y redacción del trabajo final de grado. Por este mismo motivo, cuando los tesistas no presentan el trabajo de grado dentro de ese término, muchas universidades suelen quitarles la calidad de estudiantes si, luego de cumplirse esos dos semestres, en un plazo de 2 a 6 años no llegan a presentar ante su respectivo programa la investigación completa y con la aprobación de los asesores y los jurados.

Con el propósito de incluir en el libro un consejo útil para evitar que muchos tesistas caigan en esta situación realizamos el estudio que presentamos en el primer capítulo y el concurso "Gracias a esto terminé mi tesis", donde muchas personas de diversos países que ya pasaron por el proceso de elaboración de la tesis y se graduaron compartieron sus historias y experiencias realizándola. Tomando como base el estudio y las historias que estos tesistas compartieron advertimos que la razón por la que muchos estudiantes terminan su tesis en el límite de este tiempo o no alcanzan a presentarla se debe al aplazamiento del desarrollo y la terminación de su trabajo durante muchos meses o incluso por años; lo que a su vez se debe principalmente, a la procrastinación.

Lo ideal sería por ningún motivo llegues a procrastinar tu tesis y que te propongas y puedas terminarla en el tiempo que tu universidad ha establecido para ello, no solo para que evites los inconvenientes del tipo que te comentamos al comienzo de este artículo, sino también para que logres graduarte en el menor tiempo posible y puedas entrar al mundo laboral o continuar tus estudios de posgrado.

No obstante, sabemos que a muchos nos puede pasar, por eso el objetivo que tenemos al presentarte este artículo no es otro que compartirte seis métodos cuya efectividad ha sido comprobada y reafirmada por muchas personas. Si bien los métodos que hemos seleccionado no fueron pensados en estricto sentido para los tesistas, al leerlos notarás que puedes ponerlos en práctica si en estos momentos sientes que estás procrastinando y que esto no te deja continuar avanzando en el desarrollo de tu tesis, o bien, si apenas estás comenzando a elaborarla y deseas terminar tu proyecto de grado sin procrastinar.

Los seis métodos que te proponemos para que selecciones uno y te determines a finalizar tu tesis son los siguientes:

1. Identifica tu motivación, aquello que quieres lograr al graduarte.

En una conferencia que Eric Thomas dictó en Australia un asistente le preguntó cómo podía dejar de procrastinar. En su discurso Thomas respondió que la procrastinación no existe, lo que nos sucede cuando sentimos que estamos procrastinando una tarea es que nos hace falta una motivación para realizarla, sea esta emocional, de tipo económico, centrada en la tarea, personal o de otros tipos.

Por lo tanto, si sientes que estás procrastinando tu tesis lo que debes hacer es encontrar esa motivación que te llevará a querer terminarla lo más pronto posible: esta puede ser graduarte, obtener un buen empleo, poner en práctica todos los conocimientos que has adquirido, continuar un estudio de posgrado que te interesa, independizarte, postularte a una beca en el exterior en la que has estado interesado hace tiempo, comenzar a ganar tu propio dinero para adquirir un bien o cualquier otro motivo. Indistintamente de cuál sea tu motivación sabrás que la consecución de tu tesis es un paso necesario y obligatorio para lograrlo, por eso al identificarla podrás acabar con la procrastinación.

Hemos dicho que para terminar la tesis es necesario un cambio de mentalidad, y ello es así en muchos sentidos. Uno de ellos es respecto a la motivación que necesitas para elaborar el proyecto de grado que por ninguna razón debe ser escribir una serie de páginas sin otro objetivo más que completar un requerimiento de la universidad, sino que debe ser aquello vas a lograr cuando termines la tesis.

El primer paso para materializar esas otras metas que quieres lograr pronto es encontrar la motivación para terminar tu tesis, pensando en las metas que quieres lograr cuando finalmente te hayas graduado.

2. Busca un *accountability partner*.

El *accountability partner* es una persona cercana con quien podemos compartir nuestras metas para que nos ayude y motive a alcanzarlas; puede ser un amigo, un familiar, la pareja, un profesor de la universidad o el asesor de la tesis a quien le contaremos en cuánto tiempo hemos establecido terminar la tesis. El propósito es que la persona que hemos escogido como *accountability partner* nos acompañe en el proceso para no abandonar el compromiso personal de cumplir con ese tiempo que hemos fijado y trabajar en el desarrollo de la tesis para lograrlo.

Si el *accountability partner* es una persona cercana podrá llamar y recordarnos con frecuencia que el plazo para terminar la tesis está pronto a cumplirse, también puede motivarnos preguntándonos qué tanto hemos avanzado en una semana, cuántas páginas hemos escrito, si finalmente logramos hacer esa entrevista para recoger la información, si encontramos el libro que necesitábamos o si ya logramos entender esa parte de la teoría sobre la cual no teníamos mucho conocimiento, etc. Una persona cercana nos recordará cuál es nuestra meta y lo que debemos hacer para lograrla, porque estará querrá ver que concluimos lo que nos hemos propuesto; asimismo, al preguntarnos con frecuencia también nos ayudará a tener constancia y disciplina en el proceso, porque al compartirle las metas que queremos lograr también hemos contraído un compromiso con ella.

Un buen *accountability partner* que puede acompañarte en el proceso es tu asesor de tesis. Si tienes una buena comunicación con tu tutor, te ayuda a avanzar, responde tus correos en un plazo justo y revisa cada avance o cambio que realizas en el documento a profundidad, te recomendamos que él sea esa persona.

3. Descarga aplicaciones que te ayudan a mantener la concentración.

Existen diversas aplicaciones que te pueden ayudar a mejorar la concentración, tu productividad y disciplina para que te mantengas enfocado en cada sesión de trabajo en tu tesis y en lograr avances diarios y/o semanales. Una aplicación que puede serte de gran utilidad para dejar de procrastinar es Forest, dado que te ayuda a crear buenos hábitos de trabajo y a mantenerte concentrado.

En Forest, cada vez que un usuario ingresa a la plataforma, germina una planta que puede llegar a crecer hasta convertirse en un árbol, cuanto más se permanece con la aplicación abierta, más crece la planta. Esto, de una forma creativa, nos insta a pasar menos tiempo en las redes sociales y a concentrarnos en terminar las tareas de las que somos responsables, puesto que la planta va muriendo cuanto más tiempo salimos de la aplicación para abrir las redes sociales y otras plataformas de entretenimiento. La novedad de esta aplicación que nos ayuda a desconectarnos y a trabajar más en nuestras metas la convierte en un buen método que puedes poner en práctica desde que comienzas a elaborar tu anteproyecto de tesis hasta que entregas el documento final, porque no solo te ayudará a mantenerte concentrado y a aumentar tu productividad cada vez que trabajes en ella, sino que, además, te ayudará a crear un buen hábito de trabajo.

Si bien es posible utilizar planeadores físicos o tener un *accountability partner*, los cuales son una gran herramienta en la que te puedes apoyar para ser más productivo; si prefieres utilizar el medio digital, descargar una aplicación como Forest te ayudaría en mayor medida a llegar a tu meta más pronto.

4. Colócate una pequeña meta todos los días y realiza un conteo para empezar a trabajar.

Mel Robbins (2018), autora del libro *El poder de los 5 segundos*, afirma que la procrastinación no es algo que podamos vencer porque mientras realizamos cualquiera de nuestras tareas podemos querer realizar algo más entretenido como ver una película, desear hacer una siesta, o bien podemos distraernos con otra actividad; incluso desde antes de comenzar a realizar una tarea podemos sentir pereza y ni siquiera empezarla. Por tanto, lo que debemos aprender es a motivarnos nosotros mismos para cumplir cada objetivo que nos hemos propuesto, sea este una meta grande o un pequeño paso como levantarse de la cama y comenzar a estudiar.

Una forma como podemos lograrlo es aplicando la regla de los cinco segundos de Mel Robbins, cada vez que nos dispongamos a trabajar en la tesis o que hayamos planificado trabajar en esta en una hora determinada del día. Para aplicarla es suficiente con que antes de comenzar a trabajar, incluso antes de abrir un libro o un documento para leer, o de encender el computador para continuar la redacción de tu trabajo de grado, realices un conteo desde el número 5 hasta llegar al 1; además, debes mentalizarte y ser consciente de que solo tendrás esos cinco segundos para estar preparado y comenzar a trabajar, así, una vez hayas llegado al número 1 tomarás el libro o el computador y empezarás a investigar el tema de estudio o a redactar la tesis.

La técnica de los cinco segundos tiene un fundamento científico, pues cuando una persona realiza un conteo regresivo con el objetivo de terminar con la procrastinación y determinarse a hacer las tareas de las cuales es responsable, su mente deja de elaborar excusas y comienza a pensar en la acción que debe realizar. Es un método tan útil y efectivo que incluso podrás aplicarlo en las tareas más sencillas, desde levantarte de la cama y empezar el día hasta ponerle fin a la pausa activa que hiciste durante la jornada para volver a trabajar en la tesis.

Si has intentado poner en práctica otros métodos y no has logrado mejorar tu concentración, te recomendamos probar la regla de los cinco segundos.

5. Comprométete a terminar tu tesis en público.

Hacer el compromiso de terminar la tesis en un periodo determinado en público también es un método muy útil que puede ayudarte a terminar con la procrastinación. Puedes asumir el compromiso de terminar tu tesis frente a tus amigos o familiares, o bien, puedes contarle solo a un amigo que al finalizar el semestre o antes de que termine el año habrás presentado el documento final de tu tesis ante la universidad; e incluso puedes elaborar una publicación para postearla en tus redes sociales.

El compromiso contraído en público hará que aquel que tú has asumido contigo mismo sea mucho mayor, así te verás cada vez más motivado e impulsado a terminar la tesis.

6. Establece un plazo para terminar la tesis creando hábitos de trabajo.

Víctor Küppers (2016), autor del libro *Vivir la vida con sentido*, habla sobre este último método llamado la barrera de los 21 días. El objetivo de aplicar este método es crear un buen hábito de trabajo llevando a cabo durante 21 días todas las tareas que debemos realizar sin procrastinar y con disciplina, pues se ha comprobado que esta cantidad de tiempo es óptima para abandonar los malos hábitos o crear un nuevo y mejor hábito.

Traza el propósito de trabajar 21 días seguidos en tu tesis para ver cuánto avanzas cambiando los malos hábitos que te llevan a procrastinar.

La clave para superar la procrastinación y dejar de aplazar el trabajo para terminar la tesis es comenzar a actuar consecuentemente con los objetivos que nos hemos trazado. Para ello puedes utilizar cualquiera de los métodos que hemos presentado en este artículo u otros que sean de tu preferencia y te ayuden a terminar con la procrastinación y a enfocarte en el desarrollo de tu trabajo de grado. ¡Empieza ahora!

Consejos para hacer la sustentación de la tesis. Plantillas descargables

La sustentación es el último paso para obtener tu título y es muy importante, dado que es un aspecto que se tiene muy en cuenta en la calificación final de tu tesis, por eso debes guardar un poco de energía para que construyas un final triunfante para tu proceso de tesis. La presentación tiene dos componentes, básicamente, que son: la presentación en diapositivas y la presentación oral.

A continuación, te dejamos algunos trucos que puedes poner en práctica para que tengas una defensa de tesis exitosa:

El material de apoyo

Las diapositivas que elaboras para sustentar tu tesis son fundamentales en tu presentación, por eso ten en cuenta los siguientes consejos:

- Empieza la sustentación con un índice donde coloques los temas de los que hablarás a lo largo de la sesión.
- No utilices colores o fondos con imágenes demasiado llamativas, pues esto desviará la atención del público.
- Escribe máximo 30 palabras por diapositiva, y en la medida de lo posible menos; esto garantizará una presentación menos saturada.
- No leas las diapositivas, debes hacer una exposición; por eso no escribas párrafos, en ellas solo coloca palabras clave que te recuerden lo que debes decir.

- Utiliza imágenes, gráficos y tablas, es una manera práctica de presentar la información y, además, te permite tener una presentación más llamativa y hacer una exposición más dinámica.

- Utiliza letras Sans Serif o sin remates. Por ejemplo: Comic Sans (no), Calibri (sí).

- Todas las diapositivas deben tener un título.

- Emplea letras oscuras sobre un fondo claro, o letras claras sobre fondo oscuro.

- Usa plantillas, bien sea la plantilla propia de tu universidad o alguna de PowerPoint. Esto es importante para que tu presentación se vea mejor.

- Evita el uso de mayúsculas sostenidas a lo largo de las diapositivas.

- Coloca citas en algunas partes de la presentación. Selecciona las mejores citas de tu tesis y escríbelas para que las compartas el día de tu defensa.

- En las últimas diapositivas coloca las referencias de tu exposición. (UVR correctores de textos, 2019b, párr. 4-16)

La presentación oral

La forma como expongas también determinará el éxito de tu defensa, por eso ten en cuenta los siguientes *tips*:

- Habla con convicción, muéstrate seguro, hazle saber a tu público que dominas a la perfección el tema y que tu tesis es de verdadero interés. Ten cuidado con mostrarte soberbio, esto no es lo mismo que seguridad.

- Practica mucho antes de la sustentación, esto te ayudará a dominar tus miedos y a estar más seguro a la hora de presentarte. Recuerda las palabras de Tiger Woods: "La receta para ser experto en algo es practicar muchas veces".

- Sé concreto, no se trata de explicar a la perfección cada detalle de tu proceso investigativo, recuerda solo resaltar lo más importante, pero, sobre todo, lo que consideres imprescindible para un correcto entendimiento del proyecto.

- Tu lenguaje no verbal debe ser el acompañamiento perfecto, utiliza tus manos para explicar, desplázate por el escenario y mira con firmeza a tu público. De esta forma te expresarás no solo con tu lenguaje, sino con tu cuerpo.

- Vístete de manera adecuada para la ocasión, en este momento tan definitivo cualquier detalle es importante, y la ropa no es la excepción.

- Mantén un lenguaje simple, recuerda no complicarte con palabras rebuscadas o extranjerismos que luego olvides pronunciar o utilizar de forma adecuada.

- Logra tener contacto con los asistentes, tanto visual como comunicativo, estos pueden incluso participar, sin extenderse claro está, pues este es tu momento.

- Prepárate para las preguntas del jurado, al responder hazlo con seguridad, recuerda que no pueden rajarte, pues nadie sabe de tu tesis más que tú. (UVR correctores de textos, 2019b, párr. 17-25)

Si sientes preocupación, ansiedad y miedo antes del momento cero lee esto:

Dale Carnegie en su libro *Cómo suprimir las preocupaciones y disfrutar de la vida* presenta el método de Willis H. Carrier para dejar atrás los temores y la ansiedad sobre un evento específico, se trata de imaginarse lo peor que puede pasar si esta situación no se da como queremos, por ejemplo, ¿qué es lo peor que puede pasar si reprueba en la defensa de su tesis?

Debería hacer unas pequeñas correcciones y la presentaría de nuevo. Así que en el caso remoto de que esto suceda, recuerde que nunca tendría que volver a investigar, cambiar de tema o modificar drásticamente su investigación; en este punto ya todo está prácticamente aprobado, así que la mayoría de las observaciones que le brindará su comité se solucionarán rápidamente y su fecha de grado es casi improbable que se modifique.

En ese sentido, ¿por qué temer? si incluso en el peor de los escenarios posibles, que de seguro difícilmente sucederá, las consecuencias no afectarían en gran medida su proceso, es mejor olvidar esos temores y prepararse muy bien para el momento de la sustentación... (UVR correctores de textos, 2020a, párr. 7-9)

En los siguientes códigos QR te dejamos un conjunto de recomendaciones para que te vaya muy bien en este último paso, además, te obsequiamos dos plantillas descargables y editables en PowerPoint, puedes utilizar cualquiera de las dos dependiendo de tu carrera y nivel académico. Una se asemeja a una presentación de pregrado o maestría y la otra está enfocada a disertaciones doctorales, pero puedes utilizar cualquiera de las dos sin problemas o combinarlas, lo importante es que las adaptes al contenido de tu tesis.

Plantilla de doctorado

Plantilla de pregrado-maestría

#QuedateEnCasa   6:43 a. m.   22 %
Comentarios
totifuligeno5 Por favor más post como estos son de mucha ayuda, al igual que profundizar en el tema de las variables
8sem   4 Me gusta   Responder
uvrcorrectores @totifuligeno5 estupendo. Mil Gracias. Así será.
8sem   1 Me gusta   Responder
nesa_1001 Sí, profundicen más en el tema, aunque lo han explicado de maravilla en este post. @uvrcorrectores
8sem   2 Me gusta   Responder
uvrcorrectores @nesa_1001 muchas gracias.
8sem   1 Me gusta   Responder
soycarloscr Amo esta pagina, hay muy buenos consejos. Yo aun no inicio mi proyecto pero será pronto.
8sem   1 Me gusta   Responder
uvrcorrectores @soycarloscr con
Agrega un comentario...

Parte V. Historias reales del concurso "Gracias a esto terminé mi tesis"

En nuestra búsqueda para encontrar el factor clave que les permite a los tesistas terminar su trabajo de grado, con el propósito de compartirlo contigo y que puedas poner en práctica algunos de los *tips* de otros tesistas y darles mayor importancia a esos factores determinantes, decidimos hacer un concurso cuyo premio eran USD 100 y USD 50 para el primer y segundo lugar, respectivamente. El concurso consistía en escribir una breve historia titulada "Gracias a esto terminé mi tesis", y estuvo dirigido a personas que hubieran terminado su trabajo de grado y tuvieran una historia interesante por contar.

A continuación, presentamos las historias más interesantes, incluyendo las historias ganadoras del primer y segundo lugar.

Amores y odios

Natalia Fuentes Bravo
Colombia

Mi relación con la tesis fue digna de historia de telenovela. Desde que empezó fue desastre tras desastre, y me costó mares de lágrimas poderla terminar. En mi facultad fomentaban que los trabajos de grado se hicieran en grupos, lo cual a mis amigas y a mí nos pareció maravilloso hasta el momento en que tuvimos qué escoger quién se hacía con quién, ahí empezó la discordia con la amiga tesis. Sin embargo, empezamos siendo un lindo matrimonio de tres, con ideas *hippies* y revolucionarias; pues queríamos que en la enseñanza de lenguas se incluyeran métodos de meditación, somática, aromaterapia, baile y ya no recuerdo qué tantos otros pensamientos "volados". En la primera minientrega la profesora nos destrozó públicamente y causó el primer divorcio, una de nosotras decidió partir cobijas y fue la mejor decisión de su vida porque al final su tesis tuvo mención de honor. Para nuestra sorpresa, ¿o no?, la segunda entrega terminó de pulverizar el alegre matrimonio y, por qué no decirlo, afectó un poco la amistad detrás de él.

Cuando me encontré sola ante el monstruo de la tesis, debo admitirlo, me rendí, no sin antes patalear un poco más y agarrarme inútilmente de más proyectos locos e irrealizables. Por primera vez en toda mi carrera perdí una materia y tenía que hacerlo con todas las de la ley, tuve la nota más baja de mi historia académica: 1.8. ¡Casi me muero! El siguiente semestre, claramente, inscribí la materia con una profesora diferente y, como se dice por ahí, fue un paseo. Una semana yo tenía un tema, a la otra cambiaba, me inventaba las fuentes bibliográficas y hacía mis exposiciones cual ponente experta; pero al final del día todo el tiempo me preguntaba «y cuando esto sea en serio ¿qué?». Así pasé un año entero, y casi sobre el tiempo de tener que buscar un asesor se me ocurrió "el temazo". Sinceramente, era una adaptación del trabajo de mi amado de la época, a quien irónicamente ayudé a hacer su tesis mientras sufría por la mía, pero me sirvió.

Lo mejor fue que de esa forma llegué al asesor de tesis ideal para mí. ¿Por qué?, primero, porque todas mis ideas le parecían *top*, aunque yo después de tantas cosas dudaba hasta de mi nombre; además, me impulsó a hacer mi trabajo no solo sobre el francés, sino en francés, y lo mejor fue que nunca me presionó. Muchas personas funcionan bajo presión y necesitan que las estén corrigiendo y enfocando constantemente; en mi caso, lo que me permitió terminar mi tesis fue precisamente la confianza que mi asesor me transmitió y la flexibilidad con la que pude trabajar, pues siento que así todo me fluyó muchísimo más. "Javi" me decía: "Creo que esto funciona mejor así", "hagamos esto", "dale, fresca", "¡qué bacano esto!". Y yo, en cuestión de meses, saqué adelante con cero sufrimientos ese hijo que a mis compañeros les había costado años y sudor. Cada 15 días yo presentaba mis avances, hacía todo a mi ritmo y eran muy pocas las cosas que según mi asesor necesitaban mejorar.

Mi trabajo de grado no recibió menciones, pero me permitió acercarme aún más a esa lengua que tanto me apasiona y, lo más importante, me hizo sentir como la protagonista de la película *La familia Bélier*, pues mis papás fueron a verme sustentar; y, aunque no me entendían ni mu, las lágrimas en sus ojos y sus sonrisas me hicieron ver el gran orgullo que sintieron al verme culminar esa parte del proceso por el cual me habían visto enloquecer varias veces.

Según Natalia, contar con un buen asesor fue la clave para terminar su tesis y obtener su título. En dos apartados de este manual, abordamos el tema del asesor, cómo seleccionar al correcto y cómo minimizar sus correcciones.

Escribí mi tesis en 4 días

Andrea C. Gaitán (segundo lugar en el concurso)
Colombia

La tesis siempre puede convertirse en una terrible procrastinación. En mi universidad tenías dos años para terminar tu trabajo de grado después de haber terminado materias, por eso había gente que prefería dejar alguna materia de relleno pendiente para que esos dos años no empezaran a correr, porque, aunque dos años parece mucho tiempo, si consigues un trabajo o empiezas a dedicarle a alguna otra cosa es un plazo que se vence muy rápido. Muchas veces recuerdo que de no haber sido por las largas que le di a mi tesis mi vida universitaria hubiese sido mucho más corta.

Terminé todas mis materias en cuatro años y desde diciembre de 2016 el tiempo empezó a correr. El 2017 fue una incansable búsqueda de fuentes y de trabajo, y había empezado a correr también el año de gracia que me concedían antes de empezar a pagar las cuotas de mi crédito universitario. Un año pasó muy rápido entre no encontrar trabajo y descubrir que el ejercicio que yo tenía en mente con mi tesis era demasiado grande, demasiado ambicioso. En febrero de 2018 entregué mi anteproyecto, 50 páginas que me enorgullecen más que mi tesis, a las que les tengo más cariño y con las que tengo mejores recuerdos.

Todo iba bien, fue aprobado con mínimos comentarios; pero las cosas se empezaron a complicar cuando llegó la primera factura y, como por un milagro, conseguí trabajo. Yo estaba muy feliz porque tenía trabajo sin haberme graduado y porque era en un cargo relacionado con lo que yo había estudiado, podía pagar las cuentas, ayudar a mi familia y salir con mis amigos. Me dijeron que trabajar y hacer la tesis al tiempo no era tan fácil, pero yo me prometí trabajar sagradamente en mi tesis cada fin de semana, pues eso parecía factible. No lo hice.

Las reuniones con mi tutor de tesis eran escasas, conseguir un permiso laboral no es tan fácil como faltar a la escuela, se acumulan y luego ya no te miran con los mismos ojos. Entre permisos y promesas rotas llegó un día a mi correo el cronograma de grados, era mediados de septiembre y allí decía que el plazo máximo para entregar la tesis era el 21 de septiembre si querías graduarte en diciembre. Yo escribí aterrada a la universidad, dos años habían pasado muy rápido, prometí entregar mi tesis en diciembre para graduarme en marzo, pero dijeron que no era posible y que si no me graduaba en diciembre tenía que tomar un semestre de actualización. ¿Cómo iba yo a hacer otro semestre?

Era lunes y yo me comprometí a hacer lo imposible, escribí de nuevo a la universidad diciendo que el próximo lunes entregaría mi tesis. Hablé con mi tutora de tesis, con mis amigos, mis familiares, todos decían que era imposible, pero dadas las circunstancias no había de otra. Pedí nuevamente permiso en el trabajo, pero esta vez por tres días seguidos: miércoles, jueves y viernes. Mi jefa entendió mi situación, mis compañeros me dieron ánimos, y yo me fui a encerrar a casa sabiendo que mi vagancia estaba en boca de todo el mundo. Ante la desesperación no había tiempo para sentir vergüenza, pero eso vendría después.

Si dos años es poco, imaginen 5 días. El miércoles no escribí un solo párrafo, solo leí y leí, a ratos me rondaba la idea de que ese permiso y tanto *show* iban a ser por nada y que no iba a poder lograrlo. La única llamada que recibí luego de apagar mi celular fue la de mi directora de tesis, quien me deseó suerte y me recordó que yo había investigado por dos años, que solo yo era la experta en mi tema y que solo yo podría escribir ese texto.

Los días siguientes fueron el infierno, a momentos escribía como poseída, a momentos lloraba, a momentos dormía invadida por pesadillas, a momentos me quedaba viendo la pantalla como si no tuviera alma; pero mi directora de tesis tenía razón, el análisis que yo quería hacer estaba allí en alguna parte de mi cerebro, solo que yo no me había convencido de que era importante y que podía hacerlo. La baja autoestima es el enemigo mortal de la creación; cuando crees que no tienes nada importante que decir, cuando no confías en que todo el trabajo que has hecho tiene propósito y valor, estás perdido. Más allá de la procrastinación, descubrí que esos dos años me enfrenté al miedo a fracasar sin siquiera intentarlo, no confié en mi inteligencia y mi esfuerzo, me encerré en que era muy difícil y en que necesitaba leer más y más y más tiempo.

Luego todo empezó a fluir en medio de mi redacción apresurada. Era bonito ver en palabras, al fin, apartes de lo que yo venía analizando e investigando por años, a fin de cuentas, era un tema que yo había escogido porque me interesaba, porque era emocionante. Allí había un aporte. La música y los mensajes de ánimo de los amigos y de la familia también ayudan un montón, siempre es bueno estar rodeado de gente que confía en ti, mucho más de lo que uno confía en sí mismo.

Mi tesis terminó siendo corta, pero la gente nota cuando una persona escribe sobre lo que sabe y le interesa. El lunes envié el archivo a mi directora de tesis y luego ella me respondió que el texto era presentable, hicimos unos ajustes y así se envió. Obviamente el texto no fue tan bien recibido como mi cuidadoso anteproyecto, ni tampoco lo que yo había prometido que sería allí, porque a veces uno también se pone la vara muy alta; pero fue aceptado, a fin de cuentas.

Antes y después de la sustentación hubo ajustes, más momentos de tensión y desesperación. Entre la tesis y la sustentación, que también es otra prueba de fuego y donde de verdad puedes lucirte y defender lo tuyo, donde de verdad eres el único experto, obtuve un maravilloso 43.

Solo los profesores y yo sabíamos que el texto lo había escrito en cuatro días y prometimos no decirle a ningún otro estudiante porque, la verdad, no es una historia para sacar pecho ni un ejemplo a seguir. Todos concluyeron que fue una proeza afortunada, pero que mi texto pudo ser mucho, pero mucho mejor.

De mi tesis solo me queda la anécdota que ahora es hasta graciosa, y la certeza de que si en cuatro días puede sacar una tesis medianamente decente en una próxima ocasión puedo hacerlo mucho mejor porque, al final, cuando hay esfuerzo, convicción y confianza, de verdad que resultan cosas interesantes. Por ahora solo me queda una historia de la que reírme con mis amigos y la certeza de que habrá una revancha entre la tesis y yo, en la que dé una mejor actuación.

Según Andrea, su amor y conocimiento por el tema le permitió terminar su tesis en tiempo récord, además del apoyo de su asesora y el hecho de encerrarse sin ninguna distracción y alejada de la procrastinación, de esta manera logró hacer el trabajo que venía aplazando por varios meses en tan solo cuatro días.

Gracias a esto terminé mi tesis

Victoria Ermácora (primer lugar en el concurso)
Licenciada en Bellas Artes
Universidad Nacional de Rosario
Argentina

Personalmente, no sé si hay un factor que determine el éxito para concretar más eficazmente el trabajo final de carrera, tal vez haya un paso a paso con una metodología que sea más fructífera; pero yo creo que no hay una receta que garantice el éxito inmediato en este proceso académico. Supongo que cada persona y cada circunstancia es diferente.

En los primeros años de mi carrera —Licenciatura en Bellas Artes— descubrí, gracias a una materia, un lugar fascinante. Como lo indica mi carrera, mis preferencias educativas están relacionadas con las artes y las humanidades, disfruto mucho de los museos, las exposiciones y las charlas que tienen que ver con mi punto de interés. En el 2011 se sumó a mi catálogo de lugares preferentes el Cementerio El Salvador de la ciudad de Rosario.

¿Quién lo diría?, que un cementerio con las denotaciones tan fuertes que tiene, en cuanto a lo mortuorio, pudiese llamar la atención de una estudiante de 21 años.

Así fue, quedé realmente fascinada con todo el universo artístico y simbólico que tenía el cementerio, un lugar tan cotidiano y poco frecuentado. Desde ese momento decidí que mi trabajo de culminación de carrera sería sobre El Salvador.

Podría decirse que puedo aportar la primera clave eficaz para mí: la elección de un tema que me acompañó y motivó el resto de mi carrera. No importa cuál sea el campo de estudio, lo más eficaz es la elección de un tema que nos llene y no que a la larga represente una carga.

Luego de culminar un largo proceso de entregas, exámenes, idas y venidas, logré llegar a la etapa final. Esa idea o esa fascinación intangible por un tema tenía que volverse una realidad, era necesario concretar lo último de lo último.

Siempre me rondaba en la cabeza la frase que me dijo un profesional a quien admiro mucho: "No te duermas, este es el *sprints** final, la mayoría se relaja en esta etapa y se queda en el camino" (*en una carrera de atletismo son los metros finales).

Me resultaba improbable quedarme en el camino, ya que había estado un año entero lidiando con las últimas materias y, por ende, las más pesadas. Quedarme en el camino significaba tirar 10 años de esfuerzo a la nada, la tesina debía ser la culminación y la tenía que realizar lo más pronto posible. Como si hubiese sido una profecía cumplida, después de un año de intenso esfuerzo, me relajé.

En mi percepción de ese momento, estaba haciendo las cosas bien, pero a su ritmo, un ritmo que se terminó dilatando más de lo esperado. Me seguía rondando esa frase en la mente: "(…) es en esta etapa que se quedan en el camino". Me resultaba imposible, no importa cuándo, yo estaba decidida a terminar y recibirme.

Para apaciguar mi voz interior fui haciendo pequeños progresos. Posterior a la elección del tema era menester elegir un docente como director que me acompañara en el arduo trajín de final de carrera. Destaco otro punto clave, la elección de un docente que esté empapado en el mismo campo específico y que tenga las mismas preferencias, eso ayuda a que la carga se comparta entre ambos. Por lo tanto, ya tenía el tema y al docente idóneo para que fuese mi director, era el momento de empezar a concretar.

Durante un año entero, recolecté información, bibliografía, acudí a fuentes y a autoridades para aumentar mi conocimiento y el material pertinente. A través de todo lo anterior y todos mis años de estudio sobre arte debía demostrar por qué yo consideraba el Cementerio El Salvador como un museo al aire libre.

La experiencia más enriquecedora en este trabajo de campo fue las visitas continuas al predio en cuestión. Para poder tomar fotografías debí solicitar un permiso previo a las autoridades competentes, ya que el registro fotográfico no estaba permitido. Durante varios meses visité el lugar día por medio, permanecía unas tres hasta cinco horas caminando entre las calles y las arboledas recopilando datos, fotografiando e intentando descubrir detalles imperceptibles a la vista de cualquier aficionado. No está de más mencionar los sobresaltos que me hacían dar las palomas, los gatos y alguno que otro jardinero en la soledad y en el silencio sepulcral del predio. Mas allá de eso, yo sentía que el lugar era completamente mío y que yo lo entendía.

En paralelo al trabajo formal en cuestión, debí prestarle atención y dedicarle el tiempo correspondiente a lo administrativo que rodea este proceso final. Usualmente, por la burocracia en la universidad los trámites requieren cierto tiempo, es importante tener esto en cuenta al organizar el cronograma, ya que las firmas, los permisos y las solicitudes llevan sus meses.

Lenta, pero encaminada, estaba mi tesis final. Ya tenía la suficiente información y un registro de cinco mil fotografías, ahora había que conglomerar todo ese material en un escrito concreto y definitivo.

Como todo proceso aletargado al que no se lo pone como prioridad o urgencia, la tesis comenzó a pasar a segundo plano debido al trabajo, asuntos personales y emocionales propios de lo cotidiano. Constantemente estaba en mi cabeza como una idea pendiente y recurrente, estaba en mi lista, pero no en la de prioridades. Llegó un punto en que la idea se volvió una pesada carga dentro de mi mente, una molestia, era consciente de que estaba en falta.

Un día, tristemente, un problema personal que me desestabilizó, aunque no tan grave, me ayudó a replantearme las prioridades y en dónde estaba parada. Debo confesar que me asusté. Ese mismo fin de semana junté todo el material que había recopilado durante años, las fotos, los libros y los apuntes, y me senté en la computadora con mi papá al lado. Con él corregimos errores, descartamos ideas y elegimos las mejores fotografías; con incontables termos de mate y su apoyo redacté cien páginas en cuatro días, cuatro días que significaron arrancar muy temprano en la mañana sin parar hasta entrada la madrugada, fue una total odisea. Actualmente lo pienso como una locura, pero de alguna manera fue mi forma de darle un cierre. Necesité de una sacudida para reaccionar y en ese momento era todo o nada.

Fue así como nació mi hijo simbólico. Terminé el trabajo y lo contemplaba con admiración y asombro, ya que esas cien páginas representaban grandes sacrificios y un esfuerzo de años. Me sentía orgullosa y a la vez apenada por no haber tomado la decisión de haberla terminado antes.

Otra de las grandes satisfacciones que recibí fueron las devoluciones positivas y los elogios de mi docente. No sé si la reacción más normal es la emoción desbordante, pero la realidad es que lloré mucho después de concretar mi trabajo con buenos resultados.

"Destaco que la misma puede ser ofrecida a la Secretaría de Cultura y Educación o de Turismo, para que pueda utilizarse como material cultural y patrimonial de la ciudad de Rosario". Cito una frase que me envió en su dictamen otro docente que conformó el tribunal.

No es mi intención ensalzarme en el orgullo por mi trabajo, pero cada vez que veo ese tomo anillado de cien páginas me invade una emoción muy grande. Me siento muy emocionada, pero a la vez siento humilde por haber sido capaz de concretar tan grande desafío para mí. Por eso destaco, según mi experiencia personal, que no considero que haya un factor que garantice el éxito, ya que cada carrera, persona y circunstancia es diferente.

Puedo recalcar que sí hubo puntos que favorecieron y facilitaron los pasos: amé mi trabajo y amé el proceso. La elección del tema fue clave y el apoyo de las personas adecuadas fueron fundamentales. Agradezco las palabras de mi padre: "No te relajes, que en esta etapa la mayoría queda en el camino".

En mi caso fue necesario un cambio abrupto de perspectiva para encaminarme y concretar esa idea que se estaba volviendo una carga. Lo más importante es tener la determinación de terminar. Considero que es más significativo la dirección que la intensidad.

De acuerdo con Victoria, el factor clave para terminar su tesis puede resumirse en tres elementos:

1. *Amar el tema.*

2. *Tener un buen asesor.*

3. *Concentrarse en terminar la tesis sin distracciones y con total disposición.*

Gracias, UVR

Tatiana Quiñones
Especialista en Salud y Seguridad en el Trabajo
Universidad Nacional de Colombia
Bogotá D.C., Colombia

Hola, mi nombre es Tatiana Quiñones, el año pasado tuve la oportunidad de terminar una especialización en la Universidad Nacional de Colombia, y tenía un director de tesis bastante exigente, como son los profesores de esta prestigiosa universidad. Tuve que presentar mi trabajo unas 15 veces y siempre me lo devolvía por redacción, y me dijo: "Hasta que usted no solicite una corrección con alguien profesional en corrección de textos este proyecto no va a pasar, y usted tendrá que venir el próximo semestre y asumir los costos por no saber redactar bien".

Muy preocupada, ya en el intento número 15 y nada que lo aprobaba, busqué profesores de la misma universidad en la Facultad de Literatura y otras, pero les entregaban mi texto a practicantes o a personas de los primeros semestres, quienes veían que mi documento no tenía errores, que estaba bien y que ya podía presentarlo. Luego me dije: "No puede ser, para mi director no cumple con una buena redacción".

Yo releía mi documento, lo leí en voz alta, cambiaba el orden de las palabras, usaba palabras más profesionales o técnicas, también sinónimos; pero sentía que no cumplía porque no cambiaba mucho. Así que empecé a buscar en internet, salieron miles de correctores de textos, pero cuando encontré a UVR me dio mucha confianza y tranquilidad su página de internet, y me di cuenta de que no era una empresa de garaje.

Cuando me comuniqué con ustedes me atendió un señor muy amable y le dije que tenía un plazo máximo para entregarlo, que si era posible tenerlo para esa fecha y me dijo: "Voy a revisar el documento, pero no se preocupe que nosotros trabajaremos para poderle ayudarla", y, efectivamente, me lo entregaron dos días antes del plazo. Cuando lo leí sentí que estaba leyendo un documento realmente profesional, y que haberlos encontrado a ustedes y decidirme por enviarles mi trabajo fue la mejor decisión que pude tomar.

Cuando se lo entregué a mi director, dijo: "Esto es un documento que por una mejor redacción da gusto de leerlo". La información era muy interesante y no tenía tantos cambios, pero los cambios que se realizaron le dieron un sentido impresionante y maravilloso a lo que yo quería comunicar. Mi nota fue de 5.0 y, además, recibí una felicitación de mi director de tesis.

A todos mis compañeros les recomendé a ojo cerrado el maravilloso trabajo que ustedes, UVR, habían logrado con mi tesis, y me siento muy feliz de lograr mi especialización con un trabajo final de tan buena nota y con la ayuda de los mejores.

Para Tatiana, contar con un corrector de estilo que se ocupó de los aspectos de estilo y normas fue el factor clave para terminar su tesis, porque de esa manera ella tuvo más tiempo para dedicarse a lo más importante: el contenido de su tesis.

La tesis. Una historia verídica

Stefany Castellanos Meza
Licenciada en Fisioterapia
Perú

Hola, me llamo Stefany Castellanos Meza y soy Licenciada en Fisioterapia, profesión que ejerzo desde hace cuatro años. Me da mucho gusto compartir con otras personas mi historia porque muchas veces pensamos que la realización de una tesis es un hecho bastante abrumador, lo que considero debe ser un proceso ameno, porque es el trabajo culmen de nuestra carrera y lo que esperamos que verse en él es un tema que nos apasiona, o al menos por el que tenemos un gusto sobresaliente entre otros de la carrera.

En el año 2015 egresé de la licenciatura y realicé servicio social por un año para practicar todo lo aprendido en el curso de la carrera. Al terminar el servicio comencé a sentir una gran desesperación y frustración porque la mayoría de mis compañeros ya ejercían, y yo, aunque tenía muchas ganas de ejercer, no había logrado obtener un buen puesto de trabajo y aún me hacía falta el título otorgado por la universidad.

Motivada por el deseo de obtener mi título comencé a buscar el tema de mi investigación, el cual surgió de un interés muy personal y de mi experiencia como fisioterapeuta. Le comenté sobre mi interés investigativo al asesor de contenido que tenía asignado y él me orientó para convertirlo en mi pregunta de investigación.

Durante ocho meses visité algunas clínicas e investigué sobre el tema, y me reunía con mi asesor tres veces a la semana para revisar los avances y hacer los ajustes necesarios. En el desarrollo de mi trabajo de grado tuve varios inconvenientes, pero la mayor dificultad que tenía para culminar mi trabajo era la procrastinación, pues después de recibir en sesión las correcciones me iba a casa, y realmente avanzaba muy poco los días que no me reunía con el asesor, que al darse cuenta de lo que ocurría me sugirió utilizar el Laboratorio de Fisioterapia para trabajar en mi investigación. Tenía libros, computadores y el salón a mi disposición desde las 9:00 a. m. hasta las 2:00 p. m. que era el cambio de turno del asesor. Y así lo hice.

El primer día de trabajo en el laboratorio, al intentar salir para tomar un descanso y almorzar me di cuenta de que la puerta se había atorado, no podía salir, y como no llevaba mi celular conmigo, porque lo había dejado en la oficina del asesor, me tocó esperar al menos tres horas a que a alguien pasara y me abriera. A las 2:00 p. m. llegó el asesor de forma muy oportuna y abrió la puerta. Esta fue una técnica que él utilizó para que yo pudiera avanzar en mi tesis desde las 9:00 a. m. hasta las 2:00 p. m. sin distracciones.

Así continuamos las sesiones durante aproximadamente dos meses. En ese horario me mantenía encerrada en el laboratorio para avanzar, y debo decir que la aplicación de esa técnica fue muy efectiva porque en ese tiempo logré avanzar mucho. Claramente, por seguridad y al ver los avances en mi trabajo, después siempre tuve mi celular conmigo para avisar si algún incidente ocurría, lo cual no sucedió afortunadamente. Además, quisiera agregar que, aunque lo más recomendable es no aplicar este u otro método similar, en caso de que alguien llegara a considerarlo debe tener mucho cuidado y pensar en qué lugar se aplica y en la posibilidad de que ocurra algún incidente en el espacio de trabajo.

De toda la experiencia resalto lo satisfactorio que fue culminar mi tesis en menos tiempo de lo que hubiese tardado si seguía el mismo ritmo de trabajo y estudio con el que comencé, así como también resalto la colaboración de mi asesor de contenido y mi asesor metodológico. Vencí la procrastinación y hoy estoy muy contenta de tener mi título en las manos.

Según Stefany, estos fueron los dos factores determinantes para culminar su trabajo de grado: en primer lugar, su motivación personal por comenzar a ejercer, obtener un buen empleo y realizar una práctica ética; en segundo lugar, la ayuda de su asesor metodológico y su asesor de contenido para fundamentar su tesis, y vencer la procrastinación, trabajando en su proyecto sin distracciones en el laboratorio de la institución durante cinco horas diarias.

enco_fire Lo veré ahora...

34sem   1 Me gusta   Responder

paolitauh Me encantan. Parece que este video lo hubieran hecho con cada una de mis motivaciones a la hora de escribir mi tesis. Y sí que dan buenos resultados

34sem   2 Me gusta   Responder

karennnn_99 @debo.chavez_

33sem   Responder

x_royalredhxg Les quedó genial, aplicaré todos esos consejos

       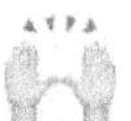

Reflexión final

La invitación que te dejamos es la siguiente:

Pon en práctica lo que has leído en este manual y consideres es de utilidad de acuerdo con tus necesidades, no olvides que si ya terminaste alguna de las partes de la tesis y ya estas fueron aprobadas solo debes concentrarte en leer los apartes de este libro donde te hablamos sobre aquellas partes de la tesis que aún te falta terminar. Ten este manual a la mano todo el tiempo mientras haces la tesis y consúltalo cada vez que lo necesites. Terminar la tesis es más sencillo de lo que piensas, nosotros creemos en ti, sabemos que puedes lograrlo, ¿qué esperas para hacerlo?

Para cerrar y que puedas hacer tu tesis en tiempo récord y con alta calidad, te dejamos como reflexión final una síntesis de un conjunto de trucos y consejos que te serán de gran ayuda.

¿Cómo hacer tu tesis en tiempo récord?

i). Escribe dos páginas por día

El consejo más importante es que diariamente escribas mínimo dos páginas, de esta forma, al terminar el mes habrás escrito 60 páginas o más. Esto podría significar cuatro capítulos de 15 páginas o tres capítulos de 20 páginas, lo cual para una tesis de pregrado es suficiente, luego de anexar las páginas preliminares.

Para escribir dos páginas diarias deberás destinar entre 1 y 3 horas diarias a tu tesis, incluyendo los dos procesos de lectura y escritura.

Debes tener en cuenta que en el eterno debate de calidad versus cantidad siempre sale vencedora la *calidad*. Considerando eso, despreocúpate por tener una tesis de 150 o 200 páginas en total; es mejor tener una tesis de 70 u 80 páginas con un excelente contenido, a tener un trabajo extenso con contenido repetitivo, difícil de leer y con pocos aportes significativos. Si bien una tesis relativamente corta tampoco asegura calidad, al seguir los consejos expuestos en el presente manual sí hay garantía de tener al final del proceso una buena y digna investigación de un estudiante de pregrado.

ii). Verifica la disponibilidad de datos e información sobre el tema

Antes de seleccionar el tema de la tesis es menester que corrobores que existe suficiente información en forma de libros, artículos, blogs, entre otros. La razón que subyace en este consejo reza: si no hay información, no hay tesis.

iii). Escoge un tema que te apasione

Seleccionar un tema con esta característica permitirá que el acto de escribir la tesis no sea un martirio o algo tedioso, por el contrario, las ideas fluirán de mejor manera y será un ejercicio ameno.

La elaboración de la tesis es un proceso que demandará mucho tiempo y recursos de tu parte, por lo tanto, seleccionar un tema que te atraiga será fundamental para cumplir con los tiempos de entrega y una formidable investigación.

iv). Delimita la investigación

Es conveniente que en los prolegómenos de la tesis establezcas una delimitación en términos de tiempo, espacio geográfico y alcance del estudio. No es recomendable que pretendas hacer una tesis con estas variables indefinidas, dado que corres el riesgo de extenderte demasiado sin obtener resultados relevantes. Debes tener en cuenta el viejo refrán: "Quien mucho abarca poco aprieta".

v). Revisa el estado del arte

Uno de los puntos principales y más relevantes al escoger el tema de la tesis es hacer, previamente, una revisión de diferentes bases de datos y repositorios de investigación para constatar que no existan investigaciones idénticas a la tuya. Naturalmente, habrá muchos trabajos parecidos, pero a muchos asesores de tesis les disgustan los clichés y los temas trillados. No se trata de tener a toda costa una tesis inédita, pero sí es ideal que tenga algunos aspectos en su desarrollo que la distingan de las demás.

Adicionalmente, esta revisión te permitirá recopilar algunos documentos que posteriormente enriquecerán los antecedentes de tu estudio.

vi). Construye un cronograma de trabajo

Dicho cronograma deberá ser de estricto cumplimiento. Si tenías planeado terminar un capítulo en dos semanas lo correcto es que si por algún motivo en un día no logras escribir las dos páginas correspondientes, al siguiente día no escribas dos páginas, sino tres o cuatro, de tal manera que compenses las tareas del cronograma y no te atrases.

En el siguiente código QR encontrarás una plantilla para hacer tu cronograma:

Siguiendo este código QR encontrarás un programador

vii).   Cita solo autores de fuentes confiables

Para evitar contratiempos es menester que solo consultes fuentes y referencias confiables (ver Apéndice 3). En ese sentido, tu primera alternativa no debe ser citar portales web como Wikipedia, Rincón del Vago, Monografias.com, etc.; estas fuentes te sirven como una fuente de consulta, pero no para referenciarlas en tu tesis, puesto que ello le resta credibilidad a tu trabajo y a la mayoría de los asesores les molesta encontrar una cita tipo: (Wikipedia, s.f., párr. 4).

viii).   Consulta documentos con temas similares

Es necesario que consultes documentos que te sirvan de guía, es decir, trabajos que aborden el mismo tema desde una óptica diferente. No es para que los plagies, sino para que en esos momentos en los cuales no fluyen las ideas, observes la forma como comienzan, desarrollan o terminan dichas investigaciones y así puedas superar el atasco mental.

ix). Selecciona lugares sin distracciones

Al momento de sentarte a escribir la tesis debes hacerlo en lugares que favorezcan tu productividad, donde tengas absoluta concentración y evites los distractores. A su vez, es recomendable que al momento de escribir tu tesis cierres todas las redes sociales.

x). Siempre debes tener lápiz y papel a la mano

Es importante que durante todo el proceso de elaboración de tu tesis lleves en tu bolso o bolsillo un lápiz y un papel para tomar apuntes, pues las ideas pueden llegar en cualquier momento y lugar del día, y en algunas ocasiones se te pueden olvidar si no las escribes por lo que habrás desaprovechado algo muy valioso[20].

Adicionalmente, siempre debes tener una copia de tus documentos de tesis, dado que podría dañarse el PC o la memoria USB y podríamos perder mucho trabajo y tiempo invertido en esto.

xi). Escoge un buen asesor

Un asesor puede marcar la diferencia en el proceso de hacer tu tesis, puede convertirse en tu mayor aliado o en tu mayor obstáculo, tal y como se vio en la Parte I, así que selecciona al mejor y trata de llevar la mejor relación posible con él.

xii). Vence la procrastinación

La procrastinación es enemigo de la obtención de tu título, en la medida en que se lleva la motivación que necesitas para terminar el proceso de

---

[20] El lápiz y el papel puede ser reemplazado por cualquier dispositivo electrónico que te permita tomar apuntes.

tesis. No dejes que la procrastinación sea quien guíe tu camino, véncela, en el apéndice te dejamos unos trucos para acabar con ella.

Además, te invitamos a hacer ese reto de 30 días para terminar tu tesis y acabar con la procrastinación, lo encontrarás en el siguiente código QR:

Con estos 12 principios de indispensable cumplimiento terminamos por resumir el camino que debe recorrer el tesista para lograr terminar su tesis en tiempo récord, manteniendo el alto rigor académico e investigativo.

#QuedateEnCasa   5:33 a. m.   34 %
Comentarios
Comentarios destacados
huertobarretto ¡Me encanta! que forma creativa de compartir info
2sem   2 Me gusta   Responder
uvrcorrectores @huertobarretto gracias.
2sem   Responder
roman_17412 Excelente. estoy en proceso de un Review.
2sem   Responder
uvrcorrectores @roman_17412 mil gracias.
2sem   Responder
lvir05 Excelentes recomendaciones
2sem   1 Me gusta   Responder
uvrcorrectores Mil gracias.
2sem   Responder
Agrega un comentario como...

Apéndices

Apéndice 1. 7 trucos para hacer la tesis

Como de costumbre, dejamos lo mejor para el final. Para hacer la tesis no hay atajos, pero sí hay algunos trucos que pueden simplificar y hacer más fácil su realización. Nosotros recopilamos algunos trucos importantes que te ayudarán a terminar tu tesis en tiempo récord sin sacrificar su calidad.

Haz resúmenes y revisiones al principio o al final de una sección o capítulo. Por ejemplo: di "En este capítulo", "primero..." "luego..."; "este capítulo se basará en el capítulo anterior por...", o "comenzaré discutiendo x, luego mostraré cómo esto se vincula a...".

Has referencia hacia atrás y hacia adelante en tu tesis. Por ejemplo: "Ampliaré este punto en el capítulo 3...", o "como dije en el capítulo 2...".

Repite términos de un párrafo en el siguiente para demostrar la vinculación de ideas. Por ejemplo: si un párrafo trataba de "políticas públicas", el siguiente debería mencionar "políticas públicas" para mostrar la conexión.

Enlaza frases y conectores para mostrarle al lector cómo un párrafo se relaciona con otros. En ese sentido, puede comenzar un párrafo con la frase "un primer método es..." y el siguiente párrafo con una frase como "un segundo método es...".

Haz afirmaciones y conclusiones sustanciales en cada capítulo y proporciona pruebas y citas convincentes para respaldar dichas afirmaciones. Por ejemplo, no es suficiente que concluyas con una frase como "el aumento de CO_2 amenaza la nutrición humana", también debes proporcionar datos, citas y razones por las que el lector debe estar de acuerdo.

Cita abundantemente. Citar mucho es un síntoma de que has desarrollado un buen trabajo de consulta e investigación, le da mucha credibilidad a tu escrito y es un buen indicador que les agrada a los asesores.

Agrega varios títulos y subtítulos. Un *tip* para hacer que la lectura de tu documento sea agradable y entendible es organizar el texto con muchos subtítulos, especialmente los de nivel 3 y 4, esto te ayudará a darle un mejor orden a tus ideas, a la vez que tienes la oportunidad de hacer la lectura de tu tesis menos monótona con los cambios de subtítulos.

Apéndice 2. Estructura capitular de acuerdo con el tema

Tema	Capítulos
Diseño de un sistema de agua potable para una comunidad rural en el estado de Puebla.	1. Diagnóstico de la situación actual en cuanto a agua potable en la comunidad rural. 2. Viabilidad técnica, financiera y social del proyecto. 3. Presentación del nuevo sistema de agua potable.
Análisis de los determinantes del crecimiento del sector empresarial en Perú.	1. Referentes teóricos sobre los principales determinantes del crecimiento empresarial. 2. Evolución histórica de los principales determinantes del crecimiento empresarial en Perú. (Cifras y gráficos) 3. Discusión: comparación entre los resultados del análisis gráfico y los aportes teóricos.
Medición de la efectividad de un tratamiento psicológico con sondeo antes y después de su implementación.	1. Diagnóstico de la situación inicial de la muestra elegida para el estudio. 2. Diseño y presentación del tratamiento psicológico. 3. Implementación del tratamiento psicológico. 4. Evaluación final de la reacción de la muestra elegida luego del tratamiento psicológico.
Formación de capital social en la comunidad Wayuu en la Guajira-Colombia.	1. Elementos teóricos sobre el capital social. 2. Antecedentes y caracterización de la comunidad Wayuu. 3. Capital social y comunidades indígenas en el mundo. 4. Propuesta para la construcción de capital social entre la comunidad Wayuu.

Estudio de los factores que disminuirían la pobreza en un barrio de la ciudad de Santiago de Chile.	1. Marco teórico sobre los factores que tienen incidencia en la pobreza. 2. Intervención en el barrio mediante entrevistas y observación. 3. Presentación de los factores encontrados con mayor capacidad de impacto en la pobreza del barrio.
Estudio de mercado para el lanzamiento de una nueva *app* de movilidad en Bogotá-Colombia.	1. Razones por las cuales se explica la importancia y pertinencia de la *app*. 2. Pensamiento y reacción de la población bogotana frente a la posible creación de la aplicación. 3. Estudio técnico y financiero para la creación de la *app*. 4. Definición de la viabilidad y factibilidad de la implementación de la *app* de movilidad.
Análisis estratégico del sector de autopartes frente al TLC Colombia-Estados Unidos.	1. Caracterización del sector de autopartes en Colombia. 2. Componentes del TLC relacionados con el sector de autopartes. 3. Análisis FODA del sector de autopartes colombiano. 4. Estrategias de mejora enfocadas al aprovechamiento de oportunidades por parte del sector de autopartes frente al TLC Colombia-Estados Unidos.
Diseño una guía para la implementación del Sistema de Gestión de la Seguridad y Salud en el Trabajo (SG-SST) en una empresa de Buenos Aires.	1. Diagnóstico de la realidad actual de la empresa en cuanto a sus requerimientos en materia de seguridad y salud en el trabajo. 2. Definición de recursos y presupuesto para la implementación, la evaluación y el seguimiento del SG-SST. 3. Construcción y presentación de la guía para la ejecución del SG-SST en la empresa.

Apéndice 3. 19 buscadores académicos que todo tesista debería conocer Dialnet

Se centra en revistas, tesis, congresos de investigadores científicos y demás. Incluye enlaces a autores y recaba todos sus trabajos e incluso algunas citas. Resulta también muy útil en el ámbito periodístico como fuente documental.

1. SciELO

Fue creada para dar visibilidad a la literatura científica del Caribe y América Latina, principalmente. Actualmente dispone de todo el apoyo de fundaciones y agrupaciones procedentes de todas partes del planeta.

2. iSeek

Se centra en los recursos propios de las universidades, organismos no comerciales —ONG y demás—, sitios webs oficiales, entes administrativos y gubernamentales, etcétera.

3. ERIC

Se trata de una biblioteca virtual especializada en asuntos académicos, una enorme base de datos que el gobierno de este país creó en 1964 y que alberga una variada bibliografía: artículos, revistas, trabajos y similares. Cuenta con una función que te permitirá acceder a una búsqueda avanzada, la cual se ubica a la derecha del cuadro de búsquedas y pone a tu disposición una lista de consejos, atajos y trucos para aprovechar al máximo las posibilidades de la utilidad.

4. Academia.edu

En este portal los usuarios e investigadores tendrán la posibilidad de publicar sus investigaciones y ensayos, y seguir a otros miembros que poseen intereses comunes y demás. Igualmente, posee una herramienta que deja averiguar la actividad de cada perfil y que abarca datos que comprenden desde el número de visitas, seguidores, comentarios y demás; información que es muy útil a la hora de determinar el prestigio de la persona en cuestión.

5. Biology Browser

Está enfocado a los investigadores del campo de la Biología y sus correspondientes ramas. Es de Reuters y cuenta con un apartado de noticias del sector.

6. RefSeek

Entre sus resultados incluye recursos de páginas web contrastadas, libros, enciclopedias, periódicos, revistas especializadas, estudios y documentos publicados.

7. Science Research

Es gratuito y público, se vale de otros motores de búsqueda especializados y es capaz de evitar duplicidades, seleccionar la información más útil, cotejarla y mucho más. Viene con preferencias de búsqueda avanzadas e incluye un autotour guiado para que le saques todo el partido posible.

8. JURN

Con más de 3000 revistas especializadas en artes y humanidades, JURN es un motor de búsquedas que indexa títulos de artículos académicos y tesis doctorales de disciplinas y modalidades artísticas, ecológicas, económicas, ciencias biomédicas, lingüísticas y humanidades en general.

9. Teseo

Es un buscador de tesis doctorales creado por el Ministerio de Educación, Cultura y Deportes de España, perfecto para estudiantes que están cursando el doctorado y deben escoger su tesis, pues Teseo les dirá cuáles son los temas que ya han investigado a fondo.

10. Redalyc

Es una hemeroteca científica a la que cualquiera tiene la opción de acceder, recientemente ha añadido un apartado pensado para investigadores y autores, una sección en la que resulta posible crear un perfil e identificar ciertos trabajos.

11. Chemedia

Lo mejor de Chemedia es que sus recursos (documentos, artículos, textos de revistas especializadas y un amplio abanico que también recogen los anteriores buscadores) pueden descargarse en formato PDF.

12. PDF SB

Es un sitio web desde el cual puedes leer y descargar libros electrónicos gratuitamente en formato PDF. Cuenta con contenidos muy específicos, entre los que hallamos trabajos de investigación de diversas temáticas, así como en distintos idiomas.

13. CERN Document Server

Es un archivo digital que contiene reportajes, artículos y contenido multimedia sobre física al mejor estilo de The Big Bang Theory.

14. World Wide Science

Integra contenido de todo el mundo y muestra los resultados de manera selectiva, es decir, por orden de importancia. Su propósito es acelerar "el descubrimiento y progreso científico a través de la búsqueda de contenido en todo el mundo".

15. HighBeam Research

Cuenta con una base de datos especializada para profesionales y estudiantes de diversos sectores, un sistema en el que integra artículos, citas de libros, investigaciones publicadas, revistas especializadas y académicas, textos y demás. Entre sus fuentes encontramos, incluso, al Washington Post, The Independent y hasta a Mirror.

16. Science

Un motor que indexa hasta 60 bases de datos y 200 000 000 sitios especializados en información científica.

17. Microsoft Academic Search

Un lugar que no solo indexa miles de publicaciones, sino que es capaz de mostrar cómo se encuentran relacionados determinados elementos. Esta característica es muy útil a la hora de hallar material similar de autores que siguen teorías parecidas, estudios sobre un tema concreto acotados a un mismo año y un campo de estudio, etcétera.

18. Google Scholar

Integra tesis, resúmenes, libros y demás. También permite averiguar citas relacionadas, así como las referencias bibliográficas de textos determinados, rastrear autores y relacionados, y más.

Apéndice 4. Ejemplo de cálculo de la muestra (*n*)
Población finita

Tema: actitud de los trabajadores frente a la implementación de un Sistema de Gestión de la Seguridad y Salud en el Trabajo.

La planta de personal de la empresa está compuesta por 89 empleados. Por ello, la muestra se calcula teniendo en cuenta la fórmula estadística para poblaciones finitas:

$$n = \frac{N * Z^2 * p * (1 - p)}{e^2 * (N - 1) + p * q * Z^2}$$

Donde

N = total de la población

Z = 1.96 al cuadrado (Con un nivel de confianza del 95 %[21])

p = proporción esperada (en este caso 5 % = 0.05)[22]

q = $1 - p$ (en este caso 1-0.05 = 0.95)

e = margen de error (en su investigación use un 5 %).

$$n = \frac{89*1{,}96^2 *0{,}05*(1-0{,}05)}{0{,}05^2*(89-1)+0{,}05*0{,}95*1{,}96^2} = 41$$

Según los cálculos anteriores es necesario encuestar a 41 personas.

---

[21] Este dato se obtiene de la tabla de probabilidades de la distribución normal (Z), la cual se encuentra en cualquier libro de estadística o sitio web referido al tema.

[22] p es el nivel de signíficancia seleccionado, generalmente es arbitrario y en este ejemplo se interpreta así: se espera que el 5 % de la población no considere que la implementación del SG-SST sea importante y el 95 % piense lo contrario.

Población infinita

Tema: percepción de los turistas frente a las playas de Cancún.

La fórmula utilizada es la de poblaciones infinitas, en este caso es infinita porque no se conoce el número total de turistas que visitan este destino:

$$n = \frac{Z^2 * p * (1 - p)}{e^2}$$

De acuerdo con los cálculos anteriores es necesario encuestar a 73 personas.

#QuedateEnCasa   5:33 a. m.   34 %
Comentarios
corporacionapoya Que buena ayuda!
2sem   Responder
lourdes.ortiz.77985 Gracias por los consejos.
2sem   Responder
fabiolamarquezf Son los mejores, muchas gracias guapuras
2sem   Responder
santiagoprietod2 Buenísima información. Muy buen post
2sem   Responder
chestnut.carol Muchas gracias
2sem   Responder
lalitaubal La verdad... muy buena manera de enseñar en la escuela a escribir un texto. C0n esas pautas abordas montón de contenidos.
2sem   1 Me gusta   Responder
Agrega un comentario como...
UMR
correctores de textos

Referencias

Asamblea General de las Naciones Unidas. (1948). *Declaración Universal de Derechos Humanos.* Organización de las Naciones Unidas.

Azar, B. (2006). *Discutir sus hallazgos.* https://libguides.usc.edu/writingguide/discussion#:~:text=The%20purpose%20of%20the%20discussion,your%20study%20of%20the%20problem

Bernal, C. (2010). *Metodología de la investigación.* Pearson Hall.

Carter, S. (2008). Examining the doctoral thesis: a discussion. *Innovations in Education and Teaching International, 45(4),* 365-374. doi:https://doi.org/10.1080/14703290802377208

Cerda, H. (2000). *La investigación total.* Magisterio, Mesa Redonda.

Claudia. (2018). *Why is it important to add references to your thesis?* https://blog.papertrue.com/reference-importance-thesis-referencing-styles/

Comisión Permanente del Congreso de la República del Perú. (2003). Ley N° 28.044 del 2003. [Ley General de Educación]. Lima, Perú.

Eby, E. (2013). *The High School Student's Guide to Writing a Great Research Paper: 101 Easy Tips & Tricks to Make Your Work Stand Out.* Atlantic Publishing Company.

Enago Academy. (s.f.). *Cómo desarrollar una buena hipótesis de investigación.* https://www.enago.com/academy/how-to-develop-a-good-research-hypothesis/

Farkas, D. (2017). *Five Steps To Writing an Outstanding PhD Thesis Proposal.* https://finishyourthesis.com/writing-a-thesis-proposal/

Golding, C. (2017). Advice for writing a thesis (based on what examiners do). *Open Review of Educational Research, 4(1)*, 46-60.

Hernández, R., Fernández, C., y Baptista, P. (2014). *Metodología de la Investigación. 6a edición.* McGraw-Hill.

iEduNote. (s.f.). *Investigación en ingeniería: definición, ejemplos.* https://www.iedunote.com/engineering-research

Kiyosaki, R. (1997). *Padre Rico, Padre Pobre.* Time & Money Network Editions.

Küppers, V. (2016). Vivir la vida con sentido. Vigesimotercera edición. Plataforma Editorial.

Llorca, Á. (2017). *19 buscadores académicos que todo investigador debería conocer.* https://www.genbeta.com/buscadores/21-buscadores-academicos-que-todo-investigador-deberia-conocer

Margolles, P. (2014). *Todo lo que necesitas saber para evitar el plagio en tu tesis.* https://www.saberprogramas.com/normas-apa-7ma-edicion-en-word/

Marín, A. (2007). *Plan de Negocios del Instituto de Educación Media Sistemas 2000.* [Tesis de grado]. Universidad Tecnológica de Pereira.

McCombes, S. (2020). *Cómo escribir una sección de discusión.* https://www.scribbr.com/dissertation/discussion/

Meza, A. (2007). *La Responsabilidad Social Empresarial como factor de competitividad.* [Tesis de grado]. Pontificia Universidad Javeriana.

Oxbridge Essays. (2020). *Hallazgos de tesis y secciones de discusión.* https://www.oxbridgeessays.com/blog/dissertation-findings-discussion-sections/

Pérez, J. (2010). *Cómo plantear el problema de investigación.* http://asesoriatesis1960.blogspot.com.co/2010/10/el-problema-de-investigacion.html

Robbins, M. (2018). *El poder de los 5 segundos.* Libros Cúpula. https://webooks.co/images/team/generos/liderazgo1/36.El%20po der%20de%20los%205%20segundos_%20Se%20-%20Mel%20Robbins.pdf

TecnoEC. (2013). *El gran dilema: ¿Cómo elegir un tema de tesis?* https://tecnoec.wordpress.com/2013/08/10/el-gran-dilema-cmo-elegir-un-tema-de-tesis/#comments

Universia. (2 de noviembre de 2017). *9 consejos para lograr una defensa de tesis exitosa [7 de agosto].* https://www.universia.net/es/actualidad/orientacion-academica/9-consejos-lograr-defensa-tesis-exitosa-1129490.html

Universidad de Antioquia. (2010). *Estructura y normas para la presentación de trabajos de grado.* http://aplicacionesbiblioteca.udea.edu.co/webdisk/Normas_Vanc ouver.pdf

UVR correctores de textos. (2018a). *Cómo lograr que tu propuesta de tesis sea aprobada.* https://www.uvrcorrectoresdetextos.com/post/2018/07/30/c%C3%B3mo-lograr-que-tu-propuesta-de-tesis-sea-aprobada

UVR correctores de textos. (2018b). *Los mejores consejos para que encuentres tu tema de tesis.* https://www.uvrcorrectoresdetextos.com/post/2018/05/01/los-mejores-consejos-para-que-encuentres-tu-tema-de-tesis

UVR correctores de textos. (2019a). *¿Cómo escribir el mejor título para tu tesis?* https://www.uvrcorrectoresdetextos.com/post/-c2-bfc-c3-b3mo-escribir-el-mejor-t-c3-adtulo-para-tu-tesis

UVR correctores de textos. (2019b). *Trucos para triunfar en la sustentación de tu tesis.* https://www.uvrcorrectoresdetextos.com/post/2019/01/21/trucos-para-triunfar-en-la-sustentaci-c3-b3n-de-tu-tesis

UVR correctores de textos. (2020a). *¿Cómo hacer una excelente defensa de tesis doctoral? (Plantilla descargable en Power Point).* https://www.uvrcorrectoresdetextos.com/post/c%C3%B3mo-hacer-una-excelente-defensa-de-tesis-doctoral-plantilla-descargable-en-power-point

UVR correctores de textos. (2020b). *Reto 30 días para terminar tu tesis (Acaba con la procrastinación).* https://www.uvrcorrectoresdetextos.com/post/reto-30-

d%C3%ADas-para-terminar-tu-tesis-acaba-con-la-procrastinaci%C3%B3n

UVR correctores de textos y Baleriola, E. (2020). *¿Cómo hacer el capítulo de resultados en la tesis? (Presentación, análisis y discusión).* https://www.uvrcorrectoresdetextos.com/post/c%C3%B3mo-hacer-el-cap%C3%ADtulo-de-resultados-en-la-tesis-presentaci%C3%B3n-an%C3%A1lisis-y-discusi%C3%B3n

Zapata, S. (2013). *¿Cómo redactar el resumen del informe final de investigación?* http://seminariomonografico.blogspot.com/2013/07/como-redactar-el-resumen-del-informe.html

Sobre UVR correctores de textos

Ayudamos a que tu tesis quede libre de errores ortográficos, gramaticales y de redacción; además, verificamos la presencia de plagio, construimos correctamente las citas y las referencias y organizamos tu trabajo final de grado según el formato que te soliciten (APA, Vancouver, Icontec, Chicago, entre otras). Esto último incluye la construcción del índice y las listas especiales, la organización y numeración de tablas y figuras, la configuración del documento en cuanto a los márgenes, el tipo de letra, el interlineado, la paginación y todo lo referente al formato del texto.

Preocúpate por el contenido de tu tesis y termina tu investigación con apoyo de este manual, nosotros nos encargamos del estilo. Corregimos en español e inglés.

Visita nuestro sitio web: www.uvrcorrectoresdetextos.com
Y síguenos en nuestras redes sociales:
Facebook: @uvrcorrectores
Instagram: @uvrcorrectores

También puedes escribirnos al correo electrónico: contacto@uvrcorrectoresdetextos.com
O puedes comunicarte con nosotros al WhatsApp:
Colombia: (+57) 3012255517
Perú: (+51) 921449470
Chile: (+56) 936422156
México: (+521) 5618552222
Ecuador (+593) 961175161
España: (+34) 603293828
Argentina: (+54) 91157402273